Deutsch mit Olli 2

Sprachbuch

erarbeitet von
Christine Kröner, Kathrin Lattus,
Heidrun Rebenstorff, Alexandra Thiel,
Lisa Wegerle, Maike Wilken

mit Illustrationen von
Christian Bartz, Petra Eimer,
Manuela Ostadal

Cornelsen

Inhalt

 Findest du die Bilder in den Kapiteln wieder?

Deutsch mit Olli 2

Das kann ich schon

mit Vorlagen zu
Kompetenzgesprächen

Name:

Klasse:

Cornelsen

1

Nomen

1 Markiere alle Nomen.

| spielen | Gras | schwimmen | Mädchen | Ente |

| Tafel | malen | Hund | Blume | Freund | Hose |

2 Ordne die Nomen aus **1** in die Tabelle ein.

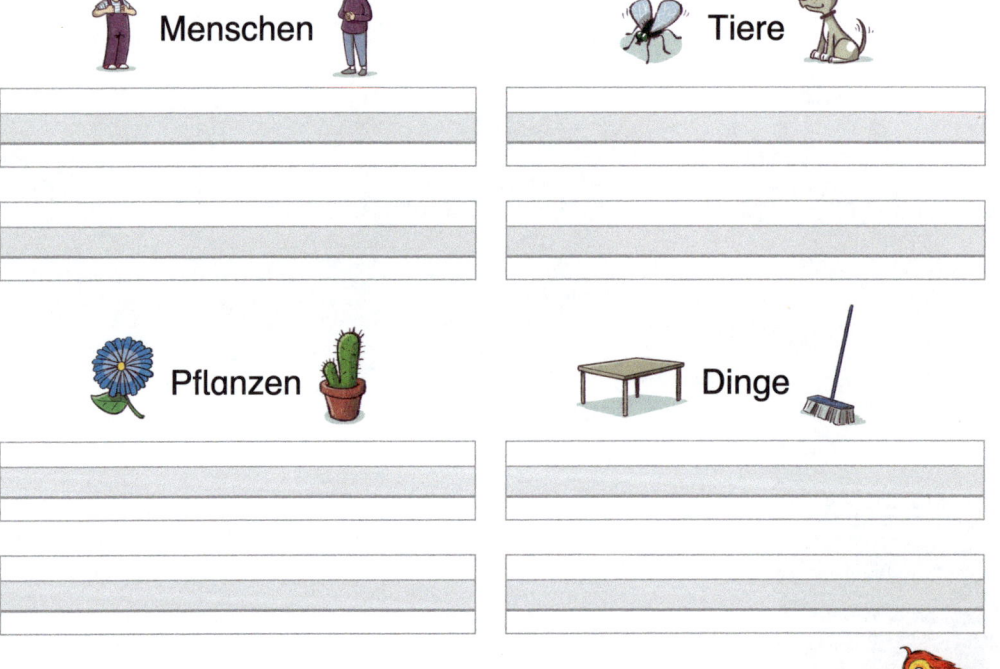

Menschen

Tiere

Pflanzen

Dinge

3 Finde zu jedem bestimmten Artikel zwei Nomen.
Schreibe die Nomen mit dem bestimmten Artikel auf.

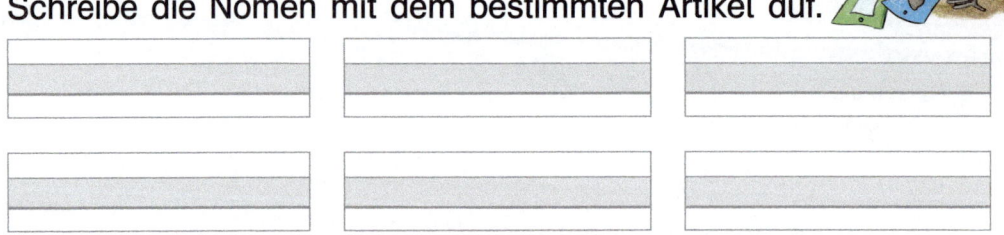

Diese Seite fand ich ◯ leicht ◯ mittel ◯ schwer

Wörter in Silben gliedern ⌣

1 Sprich die Wörter und schwinge die Silben.
Ordne die Wörter in die Tabelle ein.

eine Silbe ⌣	zwei Silben ⌣	drei Silben ⌣⌣

2 Setze die Wörter richtig zusammen.
Zeichne Silbenbögen.

sen	Li	pu ter	ben	Krei
le	ne al	Com	schrei	de

Diese Seite fand ich ◯ leicht ◯ mittel ◯ schwer

Verben

1 Kreise alle Verben ein.

leben   Federn   klettern   fressen

Futter   Papagei   Füße   Schnabel

haben   knabbern   Auge   sprechen

2 Setze die Verben aus **1** passend ein.

Viele Papageien _____ in Südamerika.

Sie _____ bunte Federn und einen Schnabel.

Papageien _____ gerne an Ästen

und _____ viel.

Papageien _____ Früchte, Samen und Rinde.

Manche Papageien _____ sogar.

Manche Papageien plappern den ganzen Tag!

3 Schreibe fünf weitere Verben auf.

_____

_____

_____

_____

Diese Seite fand ich ◯ leicht ◯ mittel ◯ schwer

Selbstlaute und Mitlaute

1 Kreise alle Selbstlaute ein.

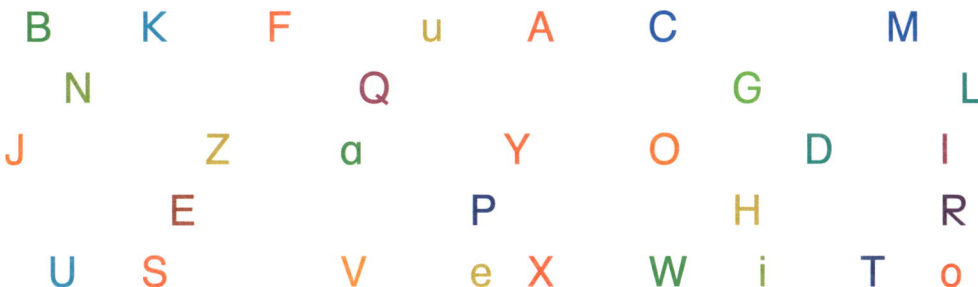

B   K   F   u   A   C   M

   N   Q   G   L

J   Z   a   Y   O   D   I

   E   P   H   R

U   S   V   e   X   W   i   T   o

2 Setze die fehlenden Selbstlaute ein.

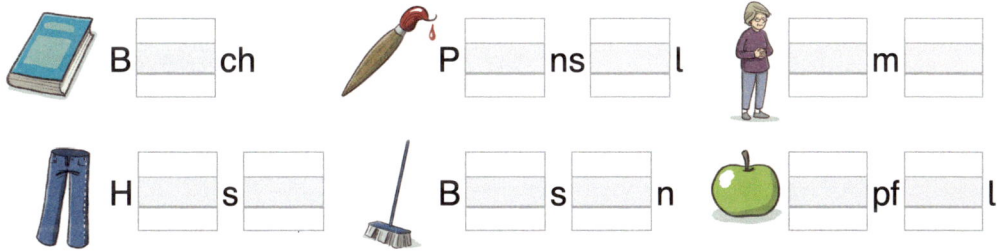

B⬚ch   P⬚ns⬚l   ⬚m

H⬚s⬚   B⬚s⬚n   ⬚pf⬚l

3 Schreibe zu jedem Selbstlaut zwei Nomen auf.

Diese Seite fand ich ◯ leicht ◯ mittel ◯ schwer

Aussagesätze und Fragesätze (Aa)

1 Bilde sinnvolle Aussagesätze und schreibe sie auf.

Ela	zur Schule	geht

eine Suppe	Papa	kocht

singen	ein Lied	Die Kinder

2 Ergänze die fehlenden Satzzeichen.

Sami und sein Vater fahren zum Zelten
Wie weit ist es noch
Es ist nicht mehr weit Es sind nur noch
ein paar Kilometer
Das ist gut Ich habe nämlich Hunger Und du

3 Schreibe einen eigenen Fragesatz auf.

Diese Seite fand ich ◯ leicht ◯ mittel ◯ schwer

Wörter ableiten

1 Schreibe die Wörter in der Mehrzahl auf.
Markiere **a/ä** und **au/äu**.

der Baum _____   der Vater _____

die Hand _____   der Raum _____

2 Verbinde die verwandten Wörter.
Schreibe die Wörter mit **ä** und **äu** richtig auf.

z★hlen	Tag	_____
t★glich	Gefahr	_____
K★fer	Zahl	_____
gef★hrlich	kaufen	_____

3 Setze **Ä/ä** und **Äu/äu** passend ein.

Das K[____]tzchen liegt im Garten und schl[____]ft.

Zwischen den Kr[____]tern sitzen zwei M[____]se.

Sie knabbern an kleinen [____]sten und Bl[____]ttern.

Zu einem Bild schreiben

1 Markiere alle Wörter, die zum Bild passen.

Rutsche · werfen · Sand · Schnee · Trampolin · stehen · essen · Eltern · hüpfen · Klettergerüst · hoch · Fußball · Karussell

2 Schreibe Sätze zu dem Bild in **1**.

Diese Seite fand ich leicht ◯ mittel  schwer

Wörter verlängern ↬

1 Schreibe die Wörter in der Mehrzahl auf.
Ergänze dann bei der Einzahl den fehlenden Buchstaben:
b/p, **d/t** oder **g/k**?

der Zwer ☐ ↬

der Kor ☐ ↬

die Ban ☐ ↬

das Hem ☐ ↬

die Bur ☐ ↬

2 Verbinde die Wörter mit ihrer Verlängerung.
Schreibe beide Wörter richtig auf.

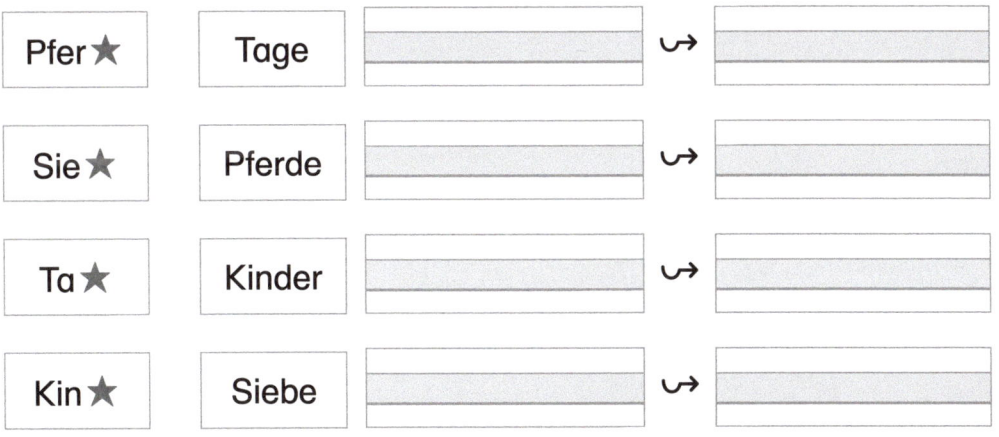

Pfer ★	Tage		↬	
Sie ★	Pferde		↬	
Ta ★	Kinder		↬	
Kin ★	Siebe		↬	

Diese Seite fand ich ◯ leicht ◯ mittel ◯ schwer

Zusammengesetzte Nomen (Aa)

1 Zerlege die zusammengesetzten Nomen.

der Milchzahn ______ + ______

der Waldweg ______ + ______

die Gemüsesuppe ______ + ______

2 Welche zusammengesetzten Nomen fehlen hier? Setze richtig ein.

Eine Tasche, mit der ich zum Sport gehe,

ist eine ______________ .

Das Nest, in dem ein Vogel brütet,

ist ein ______________ .

Ein Schirm, der mich vor Regen schützt,

ist ein ______________ .

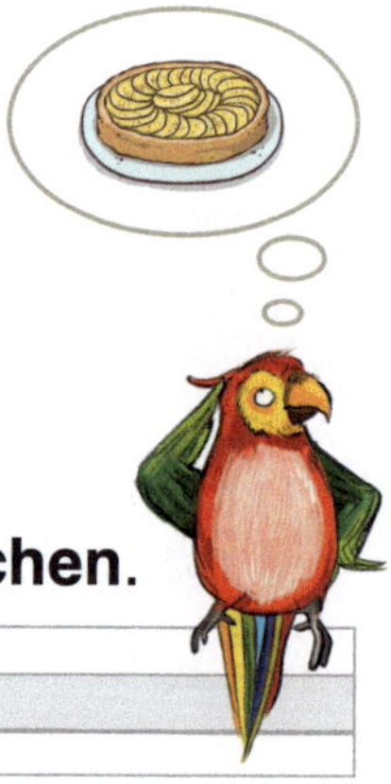

3 Bilde zusammengesetzte Nomen mit dem Wort **Kuchen**.

____

____

 Diese Seite fand ich ◯ leicht ◯ mittel ◯ schwer

Wortstamm und Wortfamilie

1 Bilde Wörter mit dem Wortstamm **Schreib/schreib**.

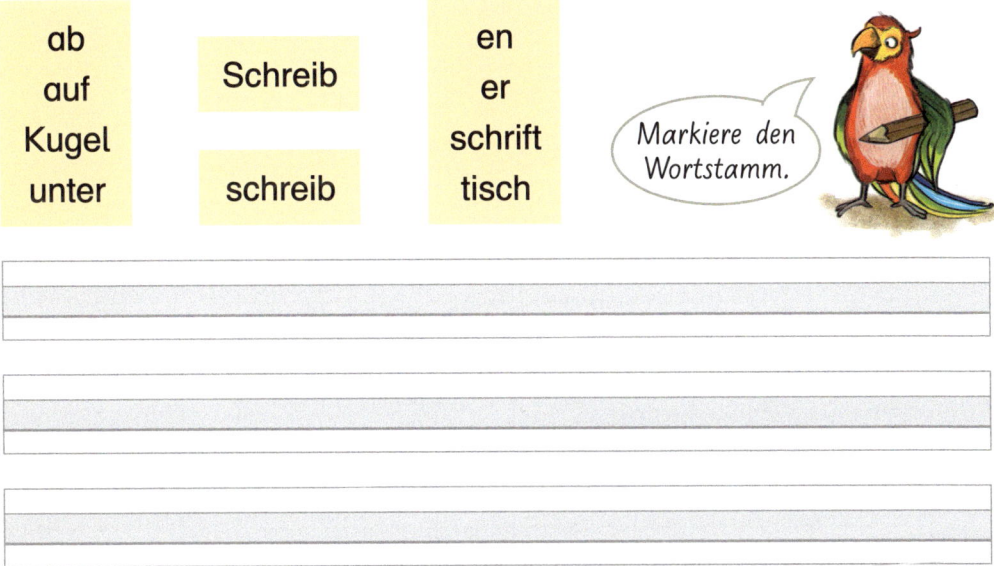

ab		en
auf	Schreib	er
Kugel		schrift
unter	schreib	tisch

Markiere den Wortstamm.

_____

_____

_____

2 Schreibe die Wörter geordnet auf. Markiere den Wortstamm.

Gehweg · verzählen · weggehen · Zahl · vorgehen · Mehrzahl

Wortfamilie **gehen**	Wortfamilie **zählen**

Grundform und Personalformen

1 Ergänze die Tabelle.

	spielen	**rufen**	**trinken**
ich		rufe	
du	spielst		
er/sie/es			trinkt
wir		rufen	
ihr	spielt		
sie			trinken

2 Setze die Verben passend ein.

> liest • ausleihen • gehen
> blättert • liebt • entdeckt

Heute _____ Sami und Naomi in die Bibliothek.

Sie wollen sich ein paar Bücher _____ .

Sami _____ gerne Sachbücher.

Gespannt _____ er in einem Buch über Flugzeuge.

Naomi _____ Rittergeschichten. Im Regal

_____ sie ein Kinderbuch von Kirsten Boie.

Doppelte Mitlaute

1 Setze die fehlenden Mitlaute ein.
Markiere den kurzen Selbstlaut vor dem doppelten Mitlaut.

Pu⬚⬚e   Me⬚⬚er   Spi⬚⬚e   Ha⬚⬚er   Te⬚⬚er

2 Finde Reimwörter und schreibe sie auf.
Markiere den doppelten Mitlaut und den kurzen Selbstlaut davor.

Futter	Wanne	Klasse	Kappe

3 Schreibe die Verben auf.

Geschichtenaufbau

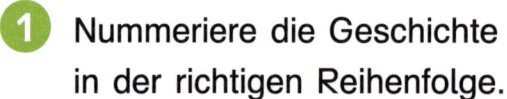

1 Nummeriere die Geschichte in der richtigen Reihenfolge.

Einleitung:
Wer? Wann? Wo?

Hauptteil:
Was passiert genau?

Schluss:
Wie endet die Geschichte?

	Zum Schluss machte Papa ein Bild von Emil und dem Esel.

	Gestern gingen Emil und sein Papa in den Streichelzoo.

	Die Ziegen meckerten. Die Hasen wackelten mit den Ohren. Der Esel schrie laut: „Iah!"

2 Schreibe die Geschichte aus **1** auf. Markiere Einleitung, Hauptteil und Schluss in verschiedenen Farben.

Diese Seite fand ich ◯ leicht ◯ mittel ◯ schwer

Wörter mit ck und tz

1 Schreibe die Reimwörter auf.
Markiere **ck** und den kurzen Selbstlaut davor.

Zecke	Rock	Socke	Brücke
D	Bl	Fl	M
H	St	H	Kr

2 Schreibe lustige Sätze mit
tz-Wörtern. Die Wörter im Kasten
können dir helfen.

> Platz • Spatz • Matratze
> putzen • kratzen
> schmatzen • schmutzig
> putzig • Pfütze

Wortarten / Adjektive

1 Kreise ein: Nomen blau, Verben rot und Adjektive grün.

kurz   groß   Postkarte   sehen

schnell   Papagei   alt

schreiben   ausmalen   Kaktus   freuen

Baby   abschicken   leicht   Computer

2 Schreibe die Nomen aus **1** mit Artikel auf.

3 Setze die Adjektive in der richtigen Form ein.

Lina hat Mila einen _____ Brief geschrieben.
(lang/langen)

Dann hat sie eine _____ Briefmarke
(bunte/bunt)

auf den _____ Briefumschlag geklebt.
(grünen/grün)

Zuletzt hat Lina den Brief in den Briefkasten geworfen.

Sicher freut sich Mila über den _____ Brief.
(schön/schönen)

Briefe und E-Mails schreiben

1 Ordne die Fachbegriffe zu.

Anrede · Empfänger und Adresse
Gruß und Name · Text · Datum
Briefmarke · Absender

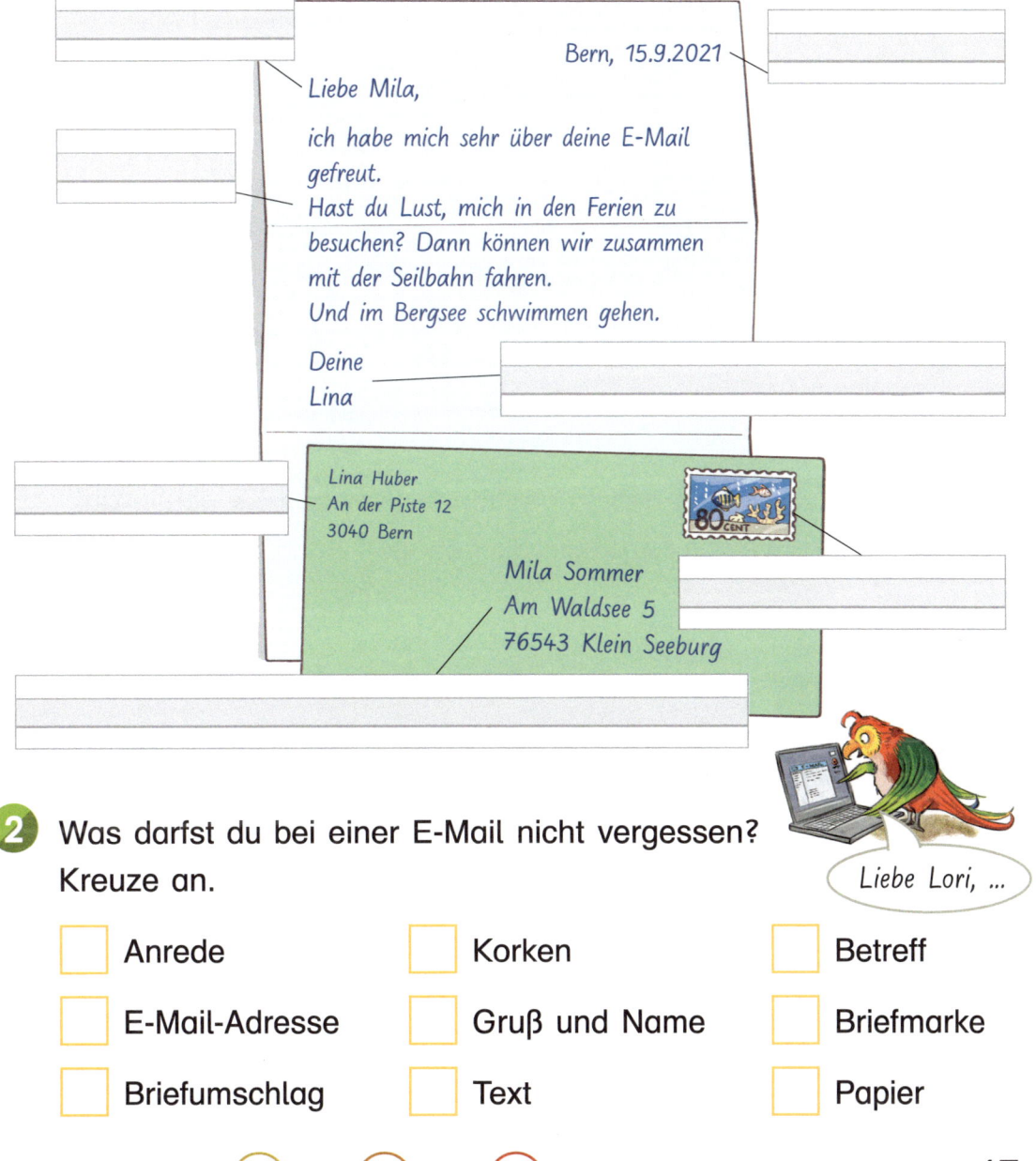

Bern, 15.9.2021

Liebe Mila,

ich habe mich sehr über deine E-Mail gefreut.
Hast du Lust, mich in den Ferien zu besuchen? Dann können wir zusammen mit der Seilbahn fahren.
Und im Bergsee schwimmen gehen.

Deine
Lina

Lina Huber
An der Piste 12
3040 Bern

Mila Sommer
Am Waldsee 5
76543 Klein Seeburg

2 Was darfst du bei einer E-Mail nicht vergessen? Kreuze an.

Liebe Lori, ...

☐ Anrede	☐ Korken	☐ Betreff
☐ E-Mail-Adresse	☐ Gruß und Name	☐ Briefmarke
☐ Briefumschlag	☐ Text	☐ Papier

Strategien anwenden ⟲ Ⓐ

1 Lies den Text. Überlege, wie die markierten Wörter richtig geschrieben werden.

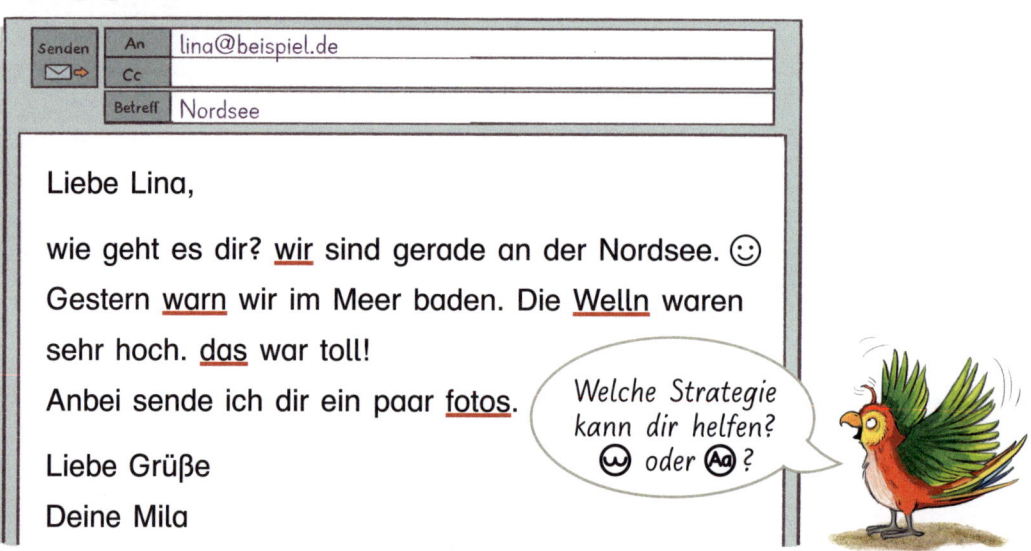

Senden ✉⇨ | An | lina@beispiel.de
Cc |
Betreff | Nordsee

Liebe Lina,

wie geht es dir? <u>wir</u> sind gerade an der Nordsee. ☺
Gestern <u>warn</u> wir im Meer baden. Die <u>Welln</u> waren
sehr hoch. <u>das</u> war toll!
Anbei sende ich dir ein paar <u>fotos</u>.

Liebe Grüße
Deine Mila

Welche Strategie kann dir helfen? ⟲ oder Ⓐ ?

2 Schreibe die falsch geschriebenen Wörter aus **1** richtig auf. Kreuze an, welche Strategie dir geholfen hat.

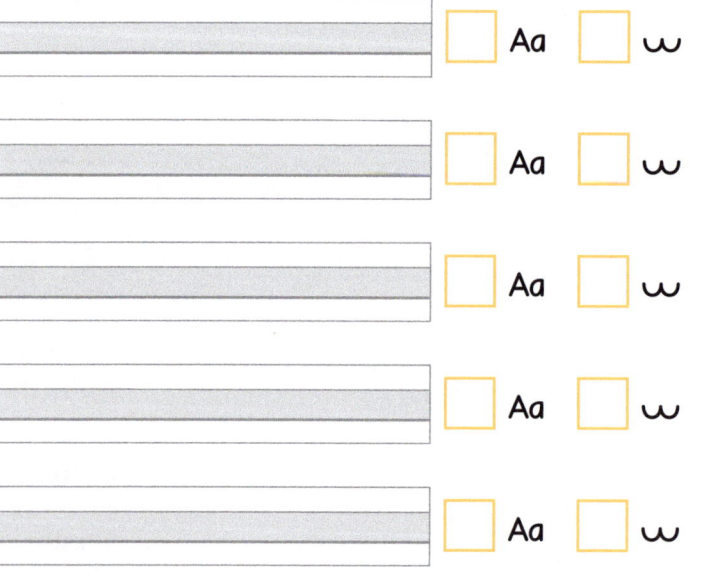

	Aa		⟲
	Aa		⟲
	Aa		⟲
	Aa		⟲
	Aa		⟲

Strategien anwenden ⚡ ↪

1 Finde zu jedem Wort mit **ä** oder **äu** ein verwandtes Wort mit **a** oder **au**. Schreibe beide Wörter richtig auf.

2 Verbinde die Wörter mit ihrer Verlängerung. Schreibe beide Wörter richtig auf.

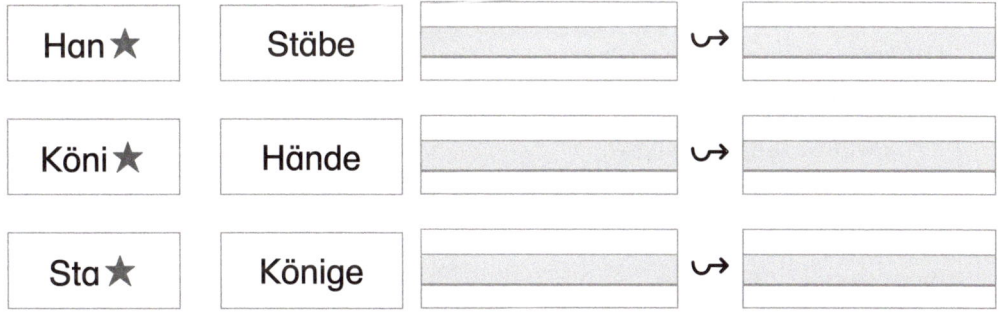

3 Überlege, welche Strategie dir beim Schreiben hilft. Kreuze an und schreibe die Wörter richtig auf.

Diese Seite fand ich ◯ leicht ◯ mittel ◯ schwer

Vorlagen zum Führen individueller Kompetenzgespräche

Hier schreibst du zusammen mit deiner Lehrerin oder deinem Lehrer auf, was du schon kannst.

Das kann ich schon		Datum	Anmerkungen
Ich kenne und beachte unsere Gesprächsregeln.	◯		
Ich kann aufmerksam zuhören.	◯		
Ich beteilige mich an Gesprächen.	◯		
Ich bringe eigene Ideen ein.	◯		
Ich spreche laut und deutlich. Ich achte auf meinen Tonfall.	◯		
Ich kann meine eigene Meinung äußern und begründen.	◯		
Ich kann Fragen zu einem Thema stellen und beantworten.	◯		
Ich frage nach, wenn ich etwas nicht verstanden habe.	◯		
Ich kann Wünsche formulieren und begründen.	◯		
Ich kann im Rollenspiel verschiedene Rollen spielen.	◯		
Ich kann verständlich erzählen und beschreiben.	◯		
Ich kann sagen, was ich in einem Kapitel gelernt habe.	◯		

Du wirst mit jedem Tag besser.

Das kann ich schon		Datum	Anmerkungen
Ich kann Fragen zu einem Text beantworten.	◯		
Ich kann Wünsche und Bitten aufschreiben.	◯		
Ich kann eigene Ideen entwickeln und aufschreiben.	◯		
Ich kann ein Plakat gestalten.	◯		
Ich kann eine Bastelanleitung aufschreiben.	◯		
Ich kann eigene Texte schreiben, z.B. ein Rätsel.	◯		
Ich kann etwas für andere schreiben, z.B. eine Einladung.	◯		
Ich kann eine Bildergeschichte aufschreiben.	◯		
Ich kann eine Liste und ein Rezept aufschreiben.	◯		
Ich kann Texte überarbeiten, z.B. auf Satzanfänge achten.	◯		
Ich kann einen Buchsteckbrief schreiben und vorstellen.	◯		
Ich kann eine Geschichte weiterschreiben.	◯		
Ich kann Texte vortragen und dabei auf die Betonung achten.	◯		
Ich kann kleine Gedichte schreiben, z.B. ein Elfchen.	◯		
Ich kann eine Geschichte ordnen.	◯		
Ich kann einen Brief oder eine E-Mail schreiben.	◯		

Das kann ich schon		Datum	Anmerkungen
Ich kann Selbstlaute und Mitlaute unterscheiden.	○		
Ich kenne Nomen und weiß, dass Nomen großgeschrieben werden.	○		
Ich weiß, dass ich vor Nomen einen Artikel (Begleiter) schreiben kann.	○		
Ich kenne die bestimmten und die unbestimmten Artikel.	○		
Ich weiß, dass es Nomen in der Einzahl und der Mehrzahl gibt.	○		
Ich kann zusammengesetzte Nomen bilden und zerlegen.	○		
Ich kenne Verben.	○		
Ich kann Verben mit passenden Vorsilben/Wortbausteinen verändern.	○		
Ich kenne Adjektive und kann mit ihnen beschreiben.	○		
Ich weiß, dass Adjektive sich verändern, wenn sie vor einem Nomen stehen.	○		
Ich erkenne den Wortstamm von Wörtern und kann Wortfamilien bilden.	○		
Ich schreibe am Satzanfang groß.	○		
Ich kann Satzarten unterscheiden und setze die passenden Satzschlusszeichen.	○		

Das kann ich schon		Datum	Anmerkungen
Ich kann Silben schwingen.	◯		
Ich kann Wörter in Silben gliedern und Wörter aus Silben bauen.	◯		
Ich weiß, dass in jeder Silbe ein Silbenkapitän steckt.	◯		
Ich kenne die Umlaute **ä**, **ö**, **ü** und die Zwielaute **au**, **ei**, **eu**.	◯		
Ich kann lange und kurze Selbstlaute unterscheiden.	◯		
Ich weiß, dass Nomen großgeschrieben werden.	◯		
Ich kenne das ABC und kann Wörter nach dem ABC ordnen.	◯		
Ich kann Wörter in der Wörterliste finden.	◯		
Ich kann Wörter ableiten und herausfinden, ob sie mit **ä** oder **äu** geschrieben werden.	◯		
Ich kann Wörter verlängern und herausfinden, ob sie mit **b**, **d** oder **g** geschrieben werden.	◯		
Ich kenne Merkwörter mit **V/v**.	◯		
Ich kenne Merkwörter mit **stummem h**.	◯		
Ich weiß, dass ich meistens **ie** schreibe, wenn ich ein langes **i** höre.	◯		
Ich erkenne Wörter mit doppeltem Mitlaut und schreibe sie richtig.	◯		
Ich kenne Merkwörter mit **aa**, **ee**, **oo**.	◯		

Deutsch mit Olli 2
mit Olli **Das kann ich schon – mit Vorlagen zu Kompetenzgesprächen**

Erarbeitet von: Christine Kröner, Kathrin Lattus, Heidrun Rebenstorff, Alexandra Thiel, Lisa Wegerle, Maike Wilken

Redaktion: Anna Koltermann, Gabriela Korup

Illustration: Christian Bartz, Petra Eimer (Papagei Olli)

Umschlaggestaltung: Corinna Babylon und Jule Kienecker, Berlin

Layoutkonzept und technische Umsetzung: Cornelia Gründer, Corngreen GmbH Leipzig

Dieses Heft ist Bestandteil des Deutsch mit Olli 2 Sprachbuchs (ISBN 978-3-06-084816-4) und nicht einzeln bestellbar. Es kann im 10er-Pack nachbestellt werden (ISBN 978-3-46-480533-6).

Inhalt

*Ich bin Olli.
Hier zeige ich dir, was es
in deinem Sprachbuch gibt.*

Diese fünf **Strategien** helfen dir,
Wörter richtig zu schreiben.

Nomen schreibe ich **groß**.
Kind, **P**apagei, **B**lume, **F**enster

Merkkästen enthalten Regeln und Beispiele.
Auf der **Grammatikkarte** findest du alles Wichtige auf einen Blick.

Mit den **Lernwörtern** kannst du auf verschiedene Arten üben,
zum Beispiel abschreiben, ordnen …

LERNWÖRTER

*Ich bin Naomi.
Zusammen können wir
etwas über andere
Sprachen lernen.*

Auf den **Ankerseiten** findest du viele Tipps und Hinweise.
Hier werden dir auch die Strategien noch einmal erklärt.

In der **Wörterliste** kannst du nachschlagen,
wie Wörter geschrieben werden.

3

Wir sind in der 2. Klasse!

1 Was seht ihr auf dem Bild? Sprecht darüber.
Diese Wörter können euch helfen.

der Steg · der Kescher · gelb · sitzen · schwimmen

2 Sammelt weitere Wörter zum Bild.

Schreibt eure 🧰-Wörter gesammelt auf.
Legt mit den Wörtern eine Sammlung an.

Lesen und verstehen

1 Lies, was die Kinder sagen.

Mein Name ist Milo. Ich mag Tiere. Mein Hund heißt Fiete.

Ich bin Mila. Am liebsten spiele ich im Bootshaus. Es gehört meiner Oma.

2 Beantwortet die Fragen zu **1**.

a) Wie heißen die Kinder?

b) Was mag Milo?

c) Wo spielt Mila am liebsten?

d) Wem gehört das Bootshaus?

3 Wer ist es? Ordnet die Kinder den Sätzen zu.

… macht gerne Sport.
Sie trägt eine Brille.

… ist gut in Mathe.
Er hat blonde Haare.

… spricht deutsch und englisch.
Sie hat einen Zopf.

… hört gerne Musik.
Er trägt meistens Kapuzenpullis.

ELA
SAMI
EMIL
NAOMI

4 Schreibe die Sätze aus **3** richtig auf. *Ela …*

Wörter und Sätze schreiben

1 Schreibe die Wörter ab: *das Auto, ...*  108

1. 👓 *lesen*
2. 💡 *merken*
3. ✏ *schreiben*
4. 🔍 *kontrollieren*

das Auto die Biene

die Seife der Computer

die Familie der Gummistiefel

2 Schreibe die Sätze ab. *Es ist ...*

Es ist Sommer.
Olli sitzt am Steg.
Milo und Sami ziehen ihre
Schwimmwesten an.
Sie wollen mit dem Boot fahren.

3 Schreibe eigene Sätze zum Bild.

🦜 Male das Bootshaus.

Silben schwingen

1 Sprecht und schwingt die Wörter.

2 Schreibe die Wörter aus **1** auf.
Zeichne Silbenbögen: *Hase, ...*

3 Welche Silben gehören zusammen? Schreibe die Wörter richtig auf.
Zeichne Silbenbögen: *reiten, ...*

	ten	
rei		
	pen	

	sen	
ren		
	nen	

	nen	
es		
	sen	

	meln	
sam		
	ten	

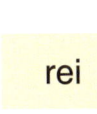 Finde Wörter mit drei oder mehr Silben.
Schreibe die Wörter mit Silbenbögen auf.

Strategie „Wörter in Silben gliedern" kennen und anwenden; Nomen in Silben sprechen und schwingen; Silbenbögen zeichnen;
Silben zusammensetzen, Wörter mit drei oder mehr Silben finden

7

Wörter mit den Endungen el, en, er

1 Sprecht die Wörter deutlich. Wie klingen die Endungen?

*Wenn ich am Ende eines Wortes **a** höre, schreibe ich meistens **er**.*

2 Schreibe die Wörter aus **1** geordnet auf.
Markiere **el**, **er** und **en** am Wortende.

el: Insel, ...

en: Besen, ...

er: Ruder, ...

Bei Aufzählungen setzt du immer ein Komma.

3 Setze die Wörter richtig zusammen. Zeichne Silbenbögen.
Markiere **el**, **en** und **er**: *Garten, Schaukel, ...*

4 Setze die Wörter passend ein. Schreibe die Sätze richtig auf.

Mit einem Pinsel ...

Mit einem ___ kann ich malen.

Mit einer ___ kann ich nähen.

Mit einem ___ kann ich schneiden.

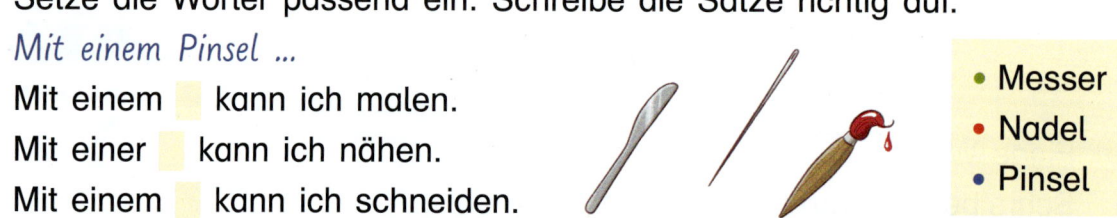

• Messer
• Nadel
• Pinsel

Wörter mit Sp/sp und St/st

1 Lest die Sätze.

Spor**t**liche Spin**nen** sprin**gen**.

Star**ke** Stie**re** star**ten** bei der Staf**fel**.

Spie**len**de Spat**zen** ste**hen** am Start.

Ein Storch mit Stie**feln** stoppt die Zeit.

> *Höre ich **scht**,*
> *schreibe ich **St/st**.*

> *Höre ich **schp**,*
> *schreibe ich **Sp/sp**.*

2 Schreibe die Sätze aus **1** ab.
Markiere **Sp/sp** und **St/st**: *Sportliche Spinnen ...*

3 **Sp/sp** oder **St/st**? Schreibe die Wörter richtig auf:
Spiegel, ...

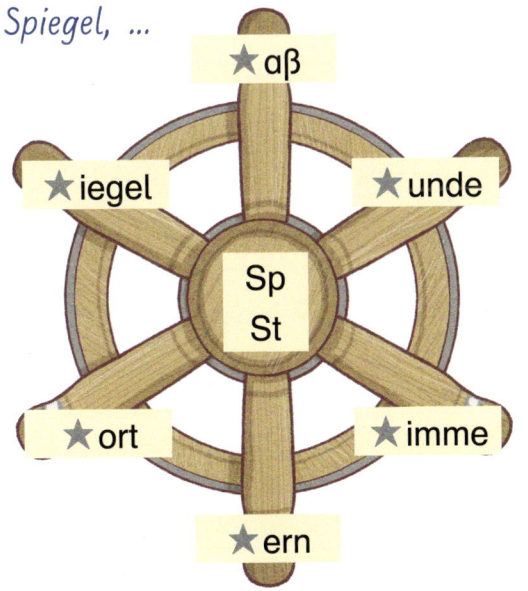

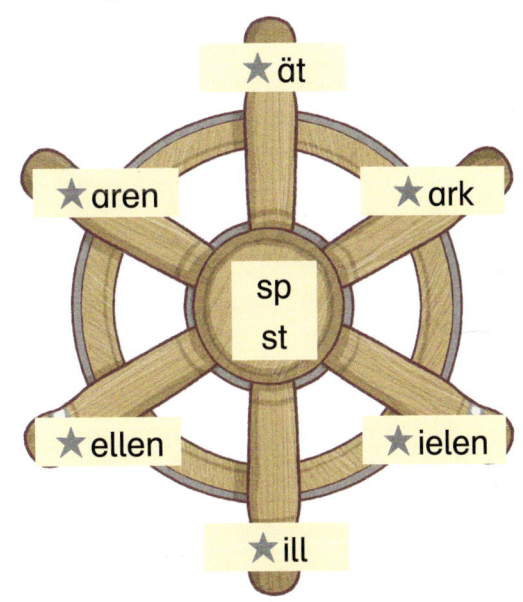

★ aß
★ iegel
★ unde
Sp
St
★ ort
★ imme
★ ern

★ ät
★ aren
★ ark
sp
st
★ ellen
★ ielen
★ ill

Schreibe mit den Wörtern aus **3** Sätze.

Sätze mit Sp/sp- und St/st-Wörtern lesen und abschreiben; Sp/sp und St/st markieren;
Wörter mit Sp/sp und St/st zusammensetzen; Sätze schreiben

9

Meine Trainingsseiten

1 Lies den Text.

Die Kin**der** kom**men** aus der Schu**le**.
O**ma** schält ei**nen** Ap**fel**.
An Ol**lis** An**gel** hängt ein Stie**fel**.
Hast du den Kä**fer** auf dem Steg ent**deckt**?

2 Schreibe den Text aus **1** ab. 🔗 108
Markiere **el**, **en** und **er** am Wortende: *Die Kinder ...*

3 **Sp** oder **St**? Schreibe die Wörter auf.
Markiere **Sp** und **St**: *Spiegel, ...*

★ iegel ★ inne ★ ein ★ ern
★ atz ★ unde ★ ift ★ ort

Stern heißt auf Englisch star.

star

Übung macht den Meister.

LERNWÖRTER

der Ka**len**der   spie**len**, es spielt   spät   auf
der Ne**bel**   spre**chen**, sie spricht   stark   in
der Ha**fen**   ste**hen**, er steht   im
die Stan**ge**

 Schreibe die Lernwörter ab. Zeichne Silbenbögen.  110

Quer durch das Kapitel

Blättere zurück und finde die Antworten.

Beantworte die Fragen in ganzen Sätzen.
Schreibe die Antworten in dein Heft.

a) Ela macht gerne ...

a) Was macht Ela gerne?

b) Wer reitet auf Seite 7?

c) Womit schneidet Oma die Äpfel?

d) Welche Farbe hat das Ruderboot?

e) Welche drei Wörter sind deine Lieblingswörter
aus dem Kapitel?

f) Welcher Text oder welches Bild hat dir am besten gefallen?

Das haben wir gelernt

Beim Abschreiben lese ich zuerst das Wort. Dann ...

Ich kann schon gut ...

Wenn ich **schp** höre, schreibe ich **sp**.

Schwierig fand ich ...

...

Fragen zum Kapitel beantworten; über Gelerntes nachdenken/reflektieren;
verständlich sprechen und erklären; Fragen stellen, wenn man etwas nicht verstanden hat

11

Wir achten aufeinander

👥 **1** Welche Regeln am Bootshaus findet ihr besonders wichtig?

👥 **2** Welche Regeln gibt es bei euch zu Hause?

3 Welche Regeln kennst du noch? Schreibe weitere Regeln auf.

🦜 Wofür brauchen wir Regeln?

12

über Regeln sprechen; Wörter zum Bild sammeln, den Wortschatz erweitern;
eigene Erfahrungen und Ideen einbringen und sich zu Gedanken anderer äußern; Vermutungen anstellen

Klassenregeln

1 Seht euch die Bilder an und lest die Regeln.
Welche Regeln findet ihr besonders wichtig?

Wir gehen
freundlich
miteinander um.

Wir melden uns,
wenn wir etwas
sagen möchten.

Wir halten unsere
Schule sauber.

Wir lachen
andere
nicht aus.

Wir verletzen
niemanden.

Wir stören
nicht den
Unterricht.

Wir lassen
keinen Müll
liegen.

2 Welche Regeln habt ihr in eurer Klasse?
Möchtet ihr noch eine Regel aufnehmen?

An welche Regel kannst du dich gut halten? Begründe.

sich an Gesprächen beteiligen; eigene Erfahrungen und Ideen einbringen, einfache Gesprächsregeln entwickeln und einhalten;
einen Sachverhalt aus dem eigenen Lebensbereich verständlich darstellen

13

Wünsche und Bitten aufschreiben

1 Emir hat in seinem Postfach einen Brief gefunden.
Woran erkennst du, dass es eine freundliche Bitte ist?

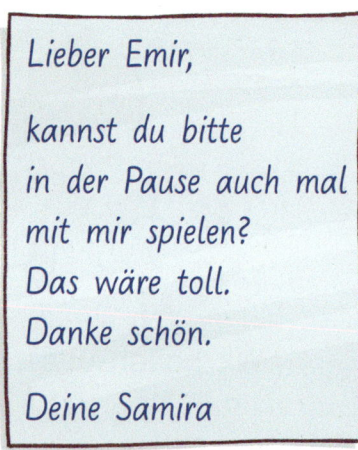

Lieber Emir,

kannst du bitte
in der Pause auch mal
mit mir spielen?
Das wäre toll.
Danke schön.

Deine Samira

2 Schreibe Samiras Wunsch ab.
Markiere die Wörter, die freundlich klingen.
Lieber Emir, ...

3 Schreibe einen Wunsch an ein anderes Kind auf.
Diese Wörter können dir helfen.
Liebe / Lieber ...

Liebe / Lieber ...   Ich wünsche mir ...

Bitte ...   Schön ist es, wenn ...

Kannst du bitte ...   Vielen Dank.

Das wäre schön.   Dein / Deine ...

Sei freundlich und
schreibe leserlich.

Rollenspiele

1 Lest die Sprechblasen. Spielt die Gespräche nach.

2 Welches Gespräch in **1** klingt freundlicher? Begründe.

3 Was könnten diese Kinder sagen?
Schreibt eure Ideen auf. *Kind 1: ...*

4 Spielt das Gespräch aus **3** nach. Entscheidet, ob ihr ein freundliches oder ein unfreundliches Kind spielen wollt.

Gespräche szenisch nachspielen; die Wirkung unterschiedlicher sprachlicher Mittel vergleichen; situationsangemessen sprechen und schreiben; einen eigenen Text vorstellen/vorspielen

15

Nomen kennenlernen

1 Seht euch die Bilder an und lest die Wörter.
Welche Menschen, Tiere, Pflanzen und Dinge gibt es in eurer Klasse?

 • Junge

 • Ameise

 • Kaktus

 • Heft

 • Mädchen

 • Schnecke

 • Blume

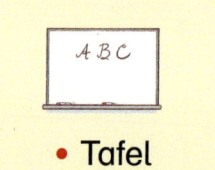 • Tafel

 • Lehrerin

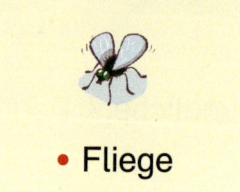 • Fliege

 • Palme

 • Stuhl

Nomen (Substantive) sind Namen für Menschen, Tiere,
Pflanzen und Dinge. Nomen schreibe ich **groß**.
Kind, **P**apagei, **B**lume, **F**enster

Ich bin auch ein Tier.

2 Schreibt die Nomen aus **1** auf Wortkarten.
Markiert den großen Anfangsbuchstaben: *Junge, …*

3 Sortiert eure Wortkarten nach Menschen,
Tieren, Pflanzen und Dingen.

4 Schreibe weitere Wortkarten mit Nomen.

16 die Wortart „Nomen" kennenlernen; Strategie „Wörter großschreiben" kennen und anwenden;
Nomen nach Menschen, Tieren, Pflanzen und Dingen ordnen; weitere Nomen finden

AH S. 4/5

Den bestimmten Artikel kennenlernen

1 Seht euch die Kästen an.
Zu welchen Nomen passen der, die oder das?

Vor Nomen (Substantive) kann ich einen **Artikel** (Begleiter) schreiben.
Bestimmte Artikel sind **der**, **die** und **das**.
• **der** Stein, • **die** Schere, • **das** Papier

Kennt ihr das Spiel?

2 Schreibe die Nomen aus **1** mit Artikel auf.
• *der Hund, der ...*
• *die Oma, ...*
• *das ...*

3 Setze den bestimmten Artikel ein. Schreibe die Sätze auf.
Alle räumen das Klassenzimmer auf. Milo ...

Alle räumen •   Klassenzimmer auf.
Milo wischt •   Tafel.
Mila stellt ein Buch in •   Regal.
Lena gießt •   Blume.
Auch •   Kaktus braucht Wasser.

Finde zu jedem bestimmten Artikel mindestens zwei Nomen.
Schreibe sie auf: • *der ...,* • *die ...,* • *das ...*

Einzahl und Mehrzahl

1 Seht euch die Bilder an. Was ist im rechten Bild anders?

> *Die Schuhe finde ich schön!*

Nomen können in der **Einzahl** und in der **Mehrzahl** stehen.
Der bestimmte Artikel in der Mehrzahl ist immer **die**.
der Stift – **die** Stifte, **die** Farbe – **die** Farben, **das** Haus – **die** Häuser

2 Schreibe die Nomen in der Einzahl und in der Mehrzahl auf.
der Schuh – die Schuhe, ...

Einzahl
der Schuh • die Jacke
die Hose • der Hut
der Schal

Mehrzahl
die Jacken • die Schuhe
die Schals • die Hüte
die Hosen

3 Finde die sechs Nomen, die in der Mehrzahl stehen.
Schreibe die Nomen mit Artikel auf: *die Mützen, die ...*

Brille	Röcke	Schule	Kleider
Mützen	Socken	Weste	Schere
Ring	Hemd	Taschen	Teddys

4 Schreibt die Nomen in der Einzahl und in der Mehrzahl auf.
der Schrank – die Schränke, der ...

der Schrank • das Fenster die Tür • die Hand das Bild • der Stift	die Lampe • die Blume der Tisch • das Auto der Baum • das Regal

Viele Nomen (Substantive) verändern sich in der Mehrzahl.
der Baum – die B**äu**m**e**, die Tür – die Tür**en**, das Bild – die Bild**er**

5 Schreibe den Text ab. Ersetze die Bilder durch Nomen
in der Einzahl oder in der Mehrzahl. *Der Hase isst ...*

Der isst die .

Die  wachsen auf dem .

Die haben .

Auf dem kriecht der .

Die  sind kleine Tiere.

Manchmal sind Einzahl und Mehrzahl gleich:
• der Käfer – die Käfer

6 Schreibe nur die Nomen auf, bei denen Einzahl und Mehrzahl
gleich sind: *der Kuchen – die Kuchen, ...*

unterschiedliche Mehrzahlformen kennenlernen; Nomen in der Einzahl und Mehrzahl aufschreiben;
Nomen in Einzahl und Mehrzahl in einen Text einsetzen; Veränderungen in der Mehrzahl erkennen und
Nomen mit unveränderter Mehrzahl aufschreiben

AH S. 8/9

19

Wörter in Silben gliedern

1 Sprecht und schwingt die Wörter.

    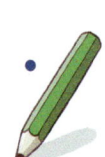

> Ich spreche das Wort Silbe für Silbe.
> Kapitän, Bausteine, schwimmen

Jede Silbe hat einen Silbenkapitän.

2 Schreibe die Wörter aus **1** auf.
Zeichne Silbenbögen: *Kiste, ...*

3 Setze die Wörter richtig zusammen.
Zeichne Silbenbögen:
Insel, ...

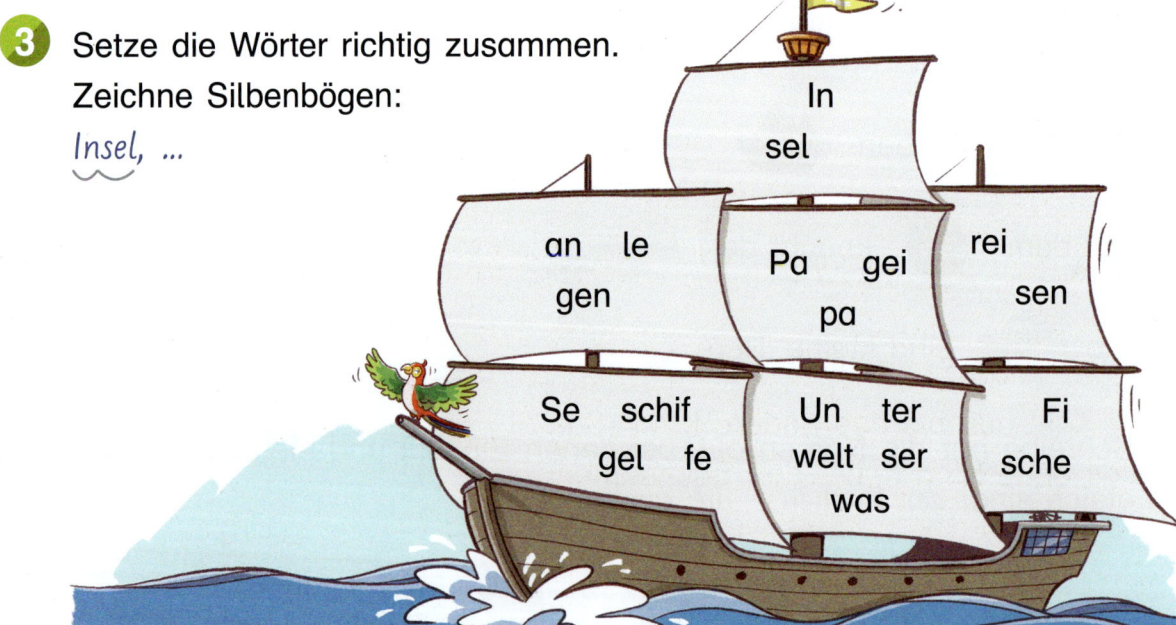

In sel

an le gen

Pa gei pa

rei sen

Se schif gel fe

Un ter welt ser was

Fi sche

4 Findet Wörter mit möglichst vielen Silben. Zeichnet Silbenbögen.

20 Strategie „Wörter in Silben gliedern" kennen und anwenden; Nomen in Silben sprechen und schwingen; Silbenbögen zeichnen; Silben zu Wörtern zusammensetzen; Wörter mit vielen Silben finden

AH S. 10/11

Das ABC

1 Sprecht den ABC-Rap.

Der Olli-Rap

A B C D E	Olli mag das Haus am See.
F G H I J	Er fliegt so gerne flott.
K L M N O	Sein Ziel liegt irgendwo.
P Q R S T	Bei Sonne, Sturm und Schnee,
U V W X Y Z	saust er wie ein Düsenjet.

Rappt laut, leise, mit tiefer Stimme, langsam, schnell ...

2 Übt den Olli-Rap und tragt ihn vor.
Ihr könnt den Rap auch auswendig lernen.

> Die Buchstaben sind in einer bestimmten Reihenfolge geordnet.
> Diese Reihenfolge heißt **ABC** oder **Alphabet**.

3 Welcher Buchstabe fehlt?
Schreibe die Buchstaben auf: ABCD, ...

AB★D   ★XYZ   NO★Q   F★HI   ★TUV

Spielt das ABC-Spiel: Ein Kind sagt das ABC
im Kopf auf, bis das andere Kind „Stopp!" sagt.
Das erste Kind nennt den Buchstaben,
bei dem es stehen geblieben ist.
Das zweite Kind sagt ein Nomen
mit diesem Anfangsbuchstaben.
Wechselt euch ab.

ABCDEF ...

Stopp!

G

Meine Trainingsseiten

1 Lies den Text. Was fällt dir auf?

Bitte Enten und Müll schließen.
Die Tür rausbringen.
Lichter füttern verboten.
Das Fenster ausschalten.

2 Schreibe die Sätze aus **1** richtig auf. Seite 12 hilft dir dabei.
Bitte Fenster und ...

3 Ordne die Nomen nach Menschen,
Tieren, Pflanzen und Dingen.
Menschen: das Baby, ...

> das Baby • das Gras • die Uhr
> der Busch • die Lampe
> der Mann • die Ente • der Fisch

4 Welche Buchstaben fehlen?
Finde zu jedem fehlenden Buchstaben
ein Nomen: *B...*

A ★ C D E ★ G   K L ★ N O ★ Q
G ★ I J K ★ M   R ★ ★ U V W X

Auf Englisch schreibe ich Nomen klein.

boat

LERNWÖRTER

die Aufgabe	bringen, er bringt	sauber	aber
der Computer	denken, sie denkt	schön	bitte
die Farbe	sagen, sie sagt		danke
die Pflanze			

 Tippe die Lernwörter am Computer oder mit dem Tablet ab.

einen Übungstext lesen, verstehen und richtig aufschreiben; Nomen nach Menschen, Tieren, Pflanzen und Dingen ordnen;
das Alphabet wiederholen und Nomen zu Buchstaben finden; Gemeinsamkeiten und Unterschiede im Englischen entdecken;
Lernwörter üben: am Computer abtippen

Blättere zurück und finde die Antworten.

Quer durch das Kapitel

Beantworte die Fragen in ganzen Sätzen.
Schreibe die Antworten in dein Heft.

a) Olli denkt an ...

a) An welche Tiere denkt Olli auf Seite 19?

b) Welches Tier ist auf Milos T-Shirt?

c) Wie heißt der siebte Buchstabe im ABC?

d) Welche Wörter schreibst du groß?

e) Wer gießt die Blume?

f) Welche drei Wörter sind deine Lieblingswörter aus dem Kapitel?

g) Welcher Text oder welches Bild hat dir am besten gefallen?

Das haben wir gelernt

Ich kann ...

Nomen erkenne ich ...

Ich habe gelernt, wie ...

Das ABC kann ich in ... Sekunden aufsagen.

Schwergefallen ist mir ...

Fragen zum Kapitel beantworten; über Gelerntes nachdenken/reflektieren;
verständlich sprechen und erklären; Fragen stellen, wenn man etwas nicht verstanden hat

23

Wir schützen unsere Umwelt

1. Was ist am Bootshaus passiert?

2. Wo habt ihr schon eine ähnliche Situation erlebt?

3. Welches Hinweis-Schild könnten die Kinder am Bootshaus aufhängen? Findet eine Regel.

Warum ist es wichtig, auf die Umwelt zu achten?

über Umweltschutz sprechen; Wörter sammeln; den Wortschatz erweitern;
eigene Erfahrungen und Ideen einbringen und sich zu Gedanken anderer äußern; Vermutungen anstellen

Über einen Sachtext sprechen

1 Seht euch das Bild an. Was passiert mit den Plastikflaschen?

2 Lest den Text. Klärt Wörter, die ihr nicht kennt.

Tipps zum Umweltschutz

Fast alles, was wir kaufen, ist verpackt:
in Plastik, in Papier, in Karton, in Glas,
in Alufolie … Dadurch entsteht viel Müll.
Das schadet der Umwelt.
Deshalb sammeln wir Müll.
Wir werfen den Müll in die richtige Tonne.
Denn aus gesammeltem Müll kann
etwas Neues entstehen.
Noch besser ist es, Müll zu vermeiden.

3 Beantwortet die Fragen zum Text in **2**.
   a) Welche Arten von Verpackungen werden genannt?
   b) Was ist noch besser, als Müll in die richtige Tonne
      zu werfen?

> Wenn etwas Neues
> aus Müll entsteht, nennt
> man das Recycling.

4 Wie könnt ihr die Umwelt schützen?
Überlegt.

> Ich trenne Müll
> nach …

> Ich benutze
> eine Brotdose
> statt …

> Ich sammele …

> Ich vermeide …

> Ich spare …

> …

5 Schreibe drei Sätze aus **4** auf. *Ich …*

über ein Diagramm sprechen; einen Sachtext lesen und verstehen; unbekannte Wörter klären;
einem Text Informationen entnehmen; Fragen zum Text beantworten;
sich an Gesprächen beteiligen; eigene Erfahrungen und Ideen einbringen; eigene Sätze schreiben

25

Ein Plakat erstellen

1 Seht euch die Bilder an. Lest die Texte.

unverpacktes Obst und
Gemüse kaufen

reparieren statt
wegwerfen

Taschen mitnehmen
statt Tüten kaufen

Brotdose statt Plastiktüten
verwenden

Trinkflasche statt
Plastikflasche benutzen

2 Gestaltet ein Plakat zum Thema „Müll vermeiden". ⚓ 115
Stellt es in der Klasse vor.

So geht es:
1. Überlegt, was ihr benötigt: Papier, Kleber …
2. Gestaltet die Überschrift.
3. Sucht Fotos oder malt Bilder,
   die zum Thema passen.
4. Schreibt die Texte mit dem Computer
   oder mit der Hand auf Zettel.
5. Ordnet die Bilder und Texte übersichtlich an.

*Achtet auf
die Rechtschreibung!*

Erstelle ein weiteres Plakat
mit Tipps zum Umweltschutz. ⚓ 114   Energie sparen   Müll trennen

Eine Bastelanleitung schreiben

1 Seht euch die Bilder an. Was braucht ihr zum Basteln der Armbänder?

Du kannst auch bunte Federn oder Sticker aufkleben.

2 Bastelt die Armbänder nach.

3 Schreibe die Bastelanleitung in der richtigen Reihenfolge auf.

1. Zuerst teile ich …
2. Danach …

Danach male ich beide Hälften an. Ich lasse sie gut trocknen.

Nun schneide ich beide Teile auf.

Zuletzt verziere ich die Armbänder mit Glitzersteinen, Papierbuchstaben, Konfetti oder buntem Klebeband.

Zuerst teile ich die Toilettenrolle in zwei Hälften.

 Was kannst du noch aus Toilettenrollen basteln?

Verben kennenlernen

1 Was tun die Kinder? Ordne die Verben den Nummern im Bild zu.

1 = fegen, 2 = ...

> malen · fegen · lesen · spielen · schreiben · lachen · schneiden

> **Verben** sagen, was Menschen, Tiere, Pflanzen oder Dinge tun.
> Verben schreibe ich **klein**: sammeln, basteln, suchen

2 Spielt euch Verben vor und ratet, was gemeint ist.
Ihr könnt die Verben aus **1** verwenden.

Theater ohne Worte nennt man Pantomime.

3 Wer tut was? Schreibe richtig auf.
Wölfe heulen. Frösche ...

Wölfe	schleichen.
Frösche	heulen.
Katzen	blühen.
Blumen	quaken.

Bären	fahren.
Kerzen	brummen.
Züge	stechen.
Mücken	brennen.

4 Finde die sechs Verben. Schreibe sie auf.

basteln, ...

basteln	turnen	Müll	Armband
Papier	sparen	lernen	werfen
Plastik	Glas	reden	Tonne

5 Was tust du gerne?
Finde Verben und schreibe sie auf.

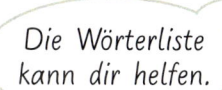
Die Wörterliste kann dir helfen.

6 Die Klasse 2a schreibt eine E-Mail an die Bürgermeisterin.
Schreibe den Text mit den passenden Verben auf.
Sehr geehrte Frau Bürgermeisterin, ...

finden · liegt · schreiben · freuen · wissen · macht

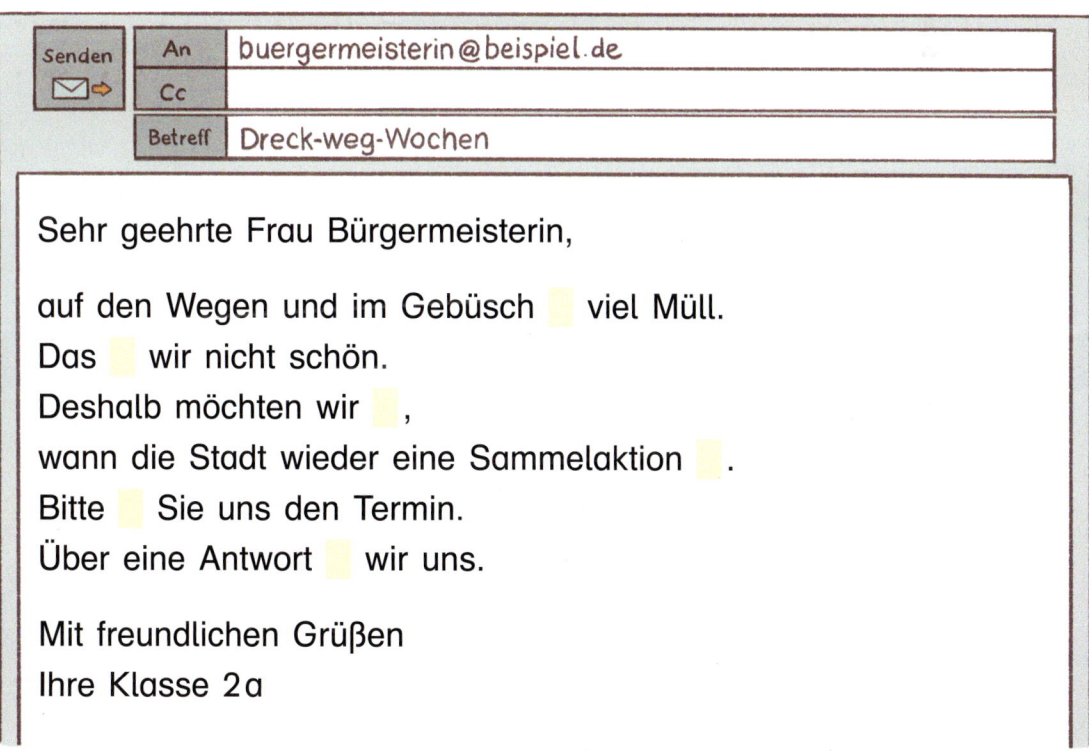

Senden ✉⇨	An	buergermeisterin@beispiel.de
	Cc	
	Betreff	Dreck-weg-Wochen

Sehr geehrte Frau Bürgermeisterin,

auf den Wegen und im Gebüsch ⬜ viel Müll.
Das ⬜ wir nicht schön.
Deshalb möchten wir ⬜,
wann die Stadt wieder eine Sammelaktion ⬜.
Bitte ⬜ Sie uns den Termin.
Über eine Antwort ⬜ wir uns.

Mit freundlichen Grüßen
Ihre Klasse 2a

Selbstlaute und Mitlaute

1 Sprich das ABC langsam und deutlich.

ABCDEFGHIJKLMNOPQRSTUVWXYZ

2 Nur fünf Buchstaben im ABC klingen selbst.
Findet die selbst klingenden Buchstaben.

> *Ge, Ha, I, ...*

> *A, Be, Ce, De, E, ...*

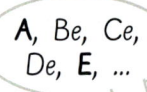

Selbst klingende Buchstaben nenne ich **Selbstlaute:**
A/a, E/e, I/i, O/o, U/u.
Alle anderen Buchstaben heißen **Mitlaute:** B/b, C/c, ...

> *Selbstlaute kenne ich als Silbenkapitäne.*

3 Schreibe das ABC auf.
Markiere die Selbstlaute. A, B, C, ...

4 In diesen Wörtern fehlen die Selbstlaute.
Schreibe die Wörter richtig auf: *die Gabel, ...*

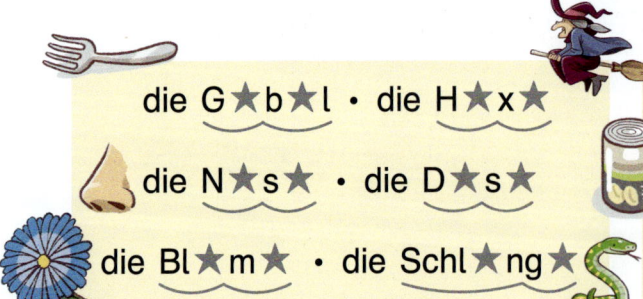

die G★b★l · die H★x★
die N★s★ · die D★s★
die Bl★m★ · die Schl★ng★★

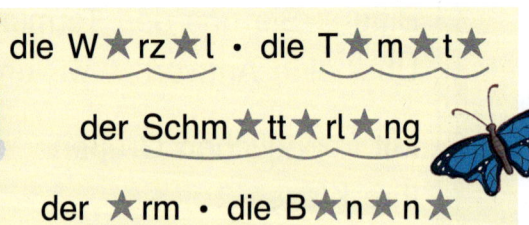

die W★rz★l · die T★m★t★
der Schm★tt★rl★ng
der ★rm · die B★n★n★

Nach dem 1. und 2. Buchstaben ordnen  109

1 Ordne immer zwei Namen nach dem ABC: *Anna, Ela, ...*

| Ela | Anna | | Emil | Mila | | Sami | Naomi |

2 Ordne die Wörter nach dem ABC: *Axt, basteln, ...*

> Überprüfe dein Ergebnis mit der Wörterliste.

dick • Axt • basteln

kaputt • Meer • groß

Glas • fahren • Haus

regnen • nie • Schiff

> Wörter werden nach dem **Alphabet** geordnet: **A**mpel, **E**rde, **K**äfer.
> Wörter mit den gleichen Anfangsbuchstaben ordne ich
> nach dem zweiten Buchstaben: **Am**pel, **Ap**fel, **As**t.

3 Ordne die Wörter nach dem ABC: *Papier, ...*

erzählen • eins • Esel

suchen • See • satt

Plastik • Pappe • putzen

trinken • tief • Taxi

4 Finde die Wörter in der Wörterliste. Welches Wort steht danach?
Schreibe immer beide Wörter auf:
die Tante – tanzen, Cent – ...

Tante • Cent • Saal • Zeh • Pony

Zwielaute

1 Lies das Gedicht. Was erfährst du über den Maulwurf?

Der Maulwurf

Der Maulwurf, schwärzer als die Nacht,
ist wie aus lauter Samt gemacht.
In dunkler Erde ist sein Reich.
Wie's droben ausschaut, ist ihm gleich.

Josef Guggenmos

2 Schreibe das Gedicht ab. Markiere die Zwielaute **au**, **ei** und **eu**.
Welchen Zwielaut hast du nicht gefunden?

Der Maulwurf
Der ...

> *Zwielaute kenne ich
> als Silbenkapitäne.*

> **Au/au**, **Ei/ei** und **Eu/eu** heißen Zwielaute,
> weil sie aus zwei Lauten bestehen.
> die P**au**se, der **Ei**mer, h**eu**te

3 Finde die Reimwörter. Zeichne Silbenbögen.
Markiere die Zwielaute: *teuer – das Feuer, ...*

teuer – das F★er

braun – der Z★n

zwei – dr★

die Eule – die B★le

breiter – die L★ter

schlau – bl★

4 Schreibe die Wörter geordnet auf. Markiere die Zwielaute.

Wörter mit au: laut, ...
Wörter mit ei: der Kreis
Wörter mit eu: ...

> laut • der Kreis • das Heu • fein • seit
> der Euro • neun • das Auge • die Haut

32   ein Gedicht lesen und verstehen; den Begriff „Zwielaute" kennenlernen; Zwielaute markieren;
Reimwörter finden und mit Silbenbögen aufschreiben; Wörter nach dem Zwielaut ordnen

AH S. 20/21

Umlaute

1 Lies den Text. Was tun die Kinder?

Müll am Bootshaus

Die Mädchen und Jungen sammeln den Müll auf:
zwei Stück Pizza, ein altes Brötchen mit Käse,
drei Dosen, fünf Tüten und zwölf Plastikflaschen.
Die Müllsäcke sind schnell voll.
Nun sieht es am Bootshaus wieder schön aus.

2 Schreibe den Text richtig ab. Markiere **ä**, **ü** und **ö**.
Müll am Bootshaus
Die Mädchen ...

> Umlaute kenne ich
> auch als Silbenkapitäne.

Ä/ä, **Ö/ö** und **Ü/ü** heißen Umlaute.
die **Ä**pfel, das **Ö**l, h**ü**pfen

3 Setze die passenden Umlaute ein. Zeichne Silbenbögen.
Markiere die Umlaute: *hören, ...*

h★ren   der B★r   b★se   k★ssen

die Bl★te   der Fl★gel   der K★fer   der L★we

4 Bilde die Mehrzahl der Nomen. Markiere die Umlaute.
der Apfel – die Äpfel, ...

der Apfel · der Mann · der Vogel
die Mutter · das Schloss

das Buch · die Kuh · der Fuß
der Kuss · der Kopf

einen Text lesen und verstehen;
den Begriff „Umlaute" kennenlernen; Umlaute einsetzen und mit Silbenbögen aufschreiben;
die Mehrzahl von Nomen bilden und die Umlaute markieren   AH S. 22/23   **33**

Meine Trainingsseiten

1 Lies den Text.
Wie schützen die Kinder ihre Umwelt?

Wir nehmen uns Handschuhe
oder eine Greifzange.
Dann holen wir eine große Tüte.
Wir gehen auf den Spielplatz und
sammeln Verpackungen, Papier und Müll.

2 Schreibe den Text ab.
Markiere alle Verben: *Wir nehmen ...*

3 Ordne die Verben aus **2**
nach dem Abc:
gehen, ...

4 Schreibe alle Selbstlaute auf.
Finde zu jedem Selbstlaut
zwei Nomen:
A – Apfel, ...

Kannst du Englisch?
Ordne passend zu:

1. plastic, ...

glass · plastic · paper

Manche Wörter
klingen auf Englisch
ganz ähnlich.

LERNWÖRTER

die Frau	arbeiten, sie arbeitet	grün	draußen
der Körper	bleiben, es bleibt	neu	heute
die Leute	üben, er übt		überall
der März			

 Schreibe die Lernwörter auf Wortkarten. Ordne sie nach dem ABC.

einen Übungstext lesen, verstehen und richtig abschreiben; Verben im Text erkennen;
Verben nach dem Alphabet ordnen; Selbstlaute wiederholen; Nomen zu dem Selbstlaut finden;
einfache englische Begriffe und Bilder zuordnen; Lernwörter üben: nach dem Alphabet ordnen

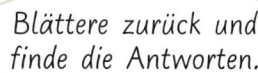

> Blättere zurück und finde die Antworten.

Quer durch das Kapitel

Beantworte die Fragen in ganzen Sätzen.
Schreibe die Antworten in dein Heft.

a) Die fünf Selbstlaute heißen ...

a) Wie heißen die fünf Selbstlaute?

b) Um welches Tier geht es auf Seite 32?

c) Was tut Milo auf Seite 28?

d) Was entdecken die Kinder am Bootshaus?

e) Welches Wort steht in der Wörterliste nach Arm?

f) Welche drei Wörter sind deine Lieblingswörter aus dem Kapitel?

g) Welcher Text oder welches Bild hat dir am besten gefallen?

Das haben wir gelernt

> Verben sagen, was ...

> Ich weiß, wie ich ein Wort in der Wörterliste finde.

> Umlaute sind ...

> Wir haben ein Plakat zum Thema ... gestaltet.

> Au, Ei und Eu heißen Zwielaute.

Fragen zum Kapitel beantworten; über Gelerntes nachdenken/reflektieren;
verständlich sprechen und erklären; Fragen stellen, wenn man etwas nicht verstanden hat

35

Feiern mit Freunden

1 Was feiern die Kinder? Woran erkennst du das?

2 Welche Feste feierst du?

3 Was wünschst du einem Kind, das Geburtstag hat?

Wie gratulierst du in anderen Sprachen?

über verschiedene Feste sprechen; Wörter zum Bild sammeln; den Wortschatz erweitern;
einen Sachverhalt aus dem eigenen Lebensbereich verständlich darstellen (Feste feiern);
eigene Erfahrungen und Ideen einbringen; in anderen Sprachen gratulieren

Rätsel: Wer ist es?

1 Lest die Sprechblasen.
Welche Kinder beschreiben Emil und Naomi?

*Die Person ist ein Junge.
Er hat braune Haare.
Sein T-Shirt ist grün.*

Das ist …

*Die Person ist
ein Mädchen. Sie hat rote
Haare und einen Zopf.
Sie trägt einen gelben
Pullover.*

Das ist …

2 Beschreibe ein anderes Kind von Seite 36.
Die Wörter in den Kästen helfen dir.

Die Person ist ein Junge. Er hat … Haare. Sein T-Shirt ist … Er trägt … Seine Schuhe sind …

Die Person ist ein Mädchen. Sie hat … Haare. Ihr T-Shirt ist … Sie trägt … Ihre Schuhe sind …

3 Schreibe ein Rätsel zu einem Kind aus deiner Klasse.
Lest euch eure Rätsel gegenseitig vor.
Wer ist gemeint?

*Oh ja,
Ratespiele!*

Texte nach einer Vorlage schreiben

1 Lest den Text. Was erfahrt ihr über Milo?

Mein Name ist
Milo.

Ich bin
acht Jahre alt

und gehe in die Klasse _2 a._

Meine Haare sind _braun._

Ich wohne zusammen mit
meinem Bruder Ben, unserem
Hund Fiete und meinen Eltern.

Am liebsten esse ich
Spaghetti mit Tomatensoße.

Meine Hobbys sind
rudern und lesen.

Später möchte ich einmal
Erfinder werden.

Das habe ich
für dich gemalt:

2 Schreibe einen Text über dich.
Ersetze alles, was in Milos Text blau ist.
Mein Name ist ...

3 Überlege, was du noch über dich schreiben möchtest.
Die Wörter im Kasten helfen dir.
Meine Lieblingstiere sind ...

Meine Lieblingsfarbe ist ...
In der Schule mag ich ...
Am schönsten finde ich ...

Besonders
gerne fliege ich
über den See.

Gestaltet mit euren Texten ein Freundebuch.

einen Text (Freundebuch) lesen und verstehen;
einen Text nach einer Vorlage schreiben (über sich selbst); eigene Sätze über sich selbst schreiben;
ein Freundebuch gestalten

Eine Einladung schreiben

1 Lies die Einladungen.
Was fällt dir auf?

Lieber Sami,

du kommst doch zu
meiner Feier?
Ich habe schon viel Holz
für das Lagerfeuer
gesammelt.

Das wird bestimmt toll.

Dein Milo

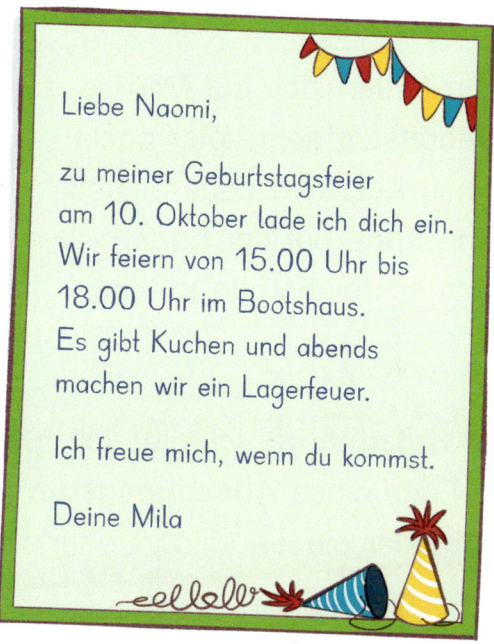

Liebe Naomi,

zu meiner Geburtstagsfeier
am 10. Oktober lade ich dich ein.
Wir feiern von 15.00 Uhr bis
18.00 Uhr im Bootshaus.
Es gibt Kuchen und abends
machen wir ein Lagerfeuer.

Ich freue mich, wenn du kommst.

Deine Mila

2 In welcher Einladung in **1** sind
alle wichtigen Informationen enthalten?
Überprüft mit der Checkliste.

3 Schreibe die vollständige Einladung ab.
Markiere die wichtigen Informationen.
Liebe ...

4 Schreibe eine eigene Einladung.
Nutze die Checkliste.
Liebe ... / Lieber ...

Klassenfeier • Kostümparty
Bastelnachmittag • Sommerfest

Checkliste Einladung

• **Wer** ist eingeladen?
• **Was** wird gefeiert?
• **Wann** ist die Feier?
• **Wie** lange dauert die Feier?
• **Wo** ist die Feier?
• **Wer** lädt ein?

*Du kannst deine
Einladung auch am
Computer gestalten.*

zwei Einladungen lesen und vergleichen; Einladungen anhand einer Checkliste überprüfen;
eine Einladung abschreiben und wichtige Informationen markieren; eine eigene Einladung (am Computer) schreiben

39

Satzanfänge großschreiben 110

1 Lest die beiden Texte. Was fällt euch auf?

alle freuen sich auf Milos Geburtstag sein Vater backt einen Kuchen Naomi bastelt eine Karte auf der Karte unterschreiben alle Kinder	Alle freuen sich auf Milos Geburtstag. Sein Vater backt einen Kuchen. Naomi bastelt eine Karte. Auf der Karte unterschreiben alle Kinder.

Den **Satzanfang** schreibe ich **groß**.
Am Ende eines **Aussagesatzes** setze ich einen **Punkt**.
Die Kinder planen Milos Geburtstag**.**

---

2 Schreibe den richtigen Text aus **1** ab.
Markiere immer den Satzanfang und den Punkt am Satzende.
Alle freuen sich auf Milos Geburtstag. Sein ...

3 Schreibe mindestens drei sinnvolle Sätze auf.
Auf dem Tisch ...

Auf dem Tisch	bläst Luftballons auf.
Emil und Naomi	ist es warm.
Milo	liegen Bonbons.
Sein Vater	hat Geburtstag.
Im Bootshaus	decken den Tisch.

Wie bereitest du dich auf ein Fest vor?
Schreibe Sätze.

Ich räume mein Nest auf.

40 Satzanfänge und fehlende Satzzeichen erkennen; den Begriff „Aussagesatz" kennenlernen;
Satzanfänge großschreiben; Satzanfang und Punkt am Satzende markieren;
sinnvolle Aussagesätze aufschreiben; eigene Sätze schreiben

AH S. 24/25

Aussagesätze und Fragesätze

1 Lest die Fragen in den Sprechblasen.
Findet zu jeder Frage die passende Antwort.

Milo ist dran.

Dir gehört die blaue Figur.

Du darfst vier Felder vorgehen.

Ich habe nicht gemogelt.

Wer ist dran? Warum mogelst du?
Wie weit darf ich gehen? Welche Figur gehört mir?

2 Schreibe die Fragen aus **1** mit den passenden Antworten auf.
Markiere den Satzanfang und das Zeichen am Satzende.
Wer ist dran? Milo ist dran.

Denke daran: Den Satzanfang schreibst du immer groß.

Am Ende eines **Aussagesatzes** setze ich einen **Punkt**.
Am Ende eines **Fragesatzes** setze ich ein **Fragezeichen**.
Wie geht es dir? Mir geht es gut.

3 Schreibe den Text richtig ab. Setze die passenden Satzzeichen ein.
Markiere den Satzanfang und das Zeichen am Satzende.
Die Hausaufgaben sind schwierig. Was ...

die Hausaufgaben sind schwierig ★
was verstehst du denn nicht ★
welche Satzzeichen muss ich in die Lücken setzen ★
ich helfe dir ★

4 Schreibe mindestens drei eigene Fragesätze auf.
Wer ...? Wann ...? Wie ...? Wo ...?

Lange und kurze Selbstlaute

1 Sprecht die Wörter deutlich. Was fällt euch auf?

Schal · Saft	sehen · kennen
Ton · Torte	Bruder · Butter

Schal … Wenn ich mit meinem Flügel bis zur Spitze komme, klingt es lang.

Selbstlaute können **lang** oder **kurz** klingen.

der Schal, der Saft, sehen, rennen

2 Bei welchen Wörtern klingt das **o** wie in D**o**se?

Schreibt die Wörter auf. Markiert den langen Selbstlaut: *der Boden, …*

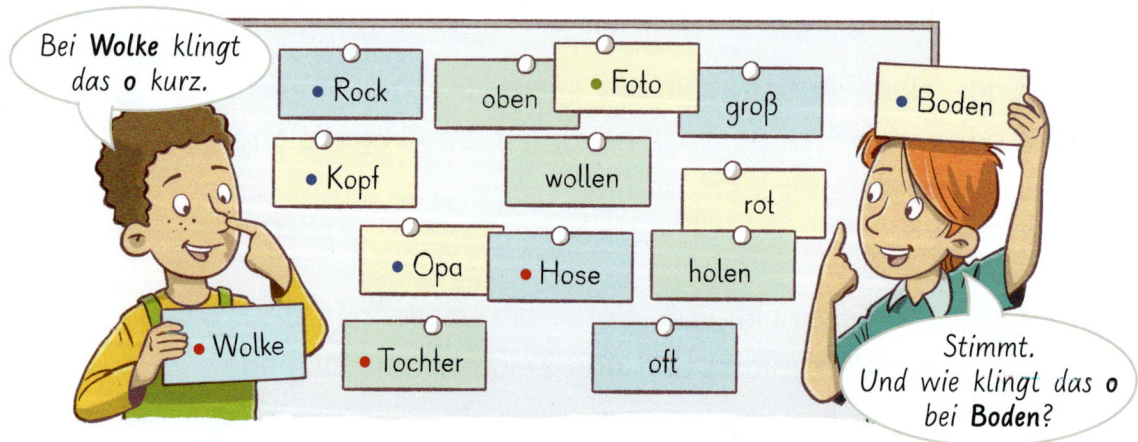

*Bei **Wolke** klingt das **o** kurz.*

• Rock · oben · • Foto · groß · • Boden

• Kopf · wollen · rot

• Opa · • Hose · holen

• Wolke · • Tochter · oft

*Stimmt. Und wie klingt das **o** bei **Boden**?*

3 Schreibe die Reimwörter auf.

Setze einen Punkt unter den kurzen Selbstlaut: *Mund, Hund, …*

Achtung: Bei einem Beispiel klingt der Selbstlaut lang.

Mund	Turm	Nest	neben	Teller
H★	W★	F★	kl★	h★
r★	St★	R★	l★	schn★

42

Länge des Selbstlautes prüfen; lange und kurze Selbstlaute kennenlernen;
Reimwörter aufschreiben und den kurzen Selbstlaut markieren;
Wörter mit langem Selbstlaut erkennen

AH S. 28/29

Zwei Mitlaute nach kurzem Selbstlaut

1 Wer tut was? Schreibe die Reimwörter auf.

Setze einen Punkt unter den kurzen Selbstlaut.

Markiere die beiden Mitlaute danach. *Wanzen tanzen, Elfen ...*

Wanzen · Elfen	helfen · lachen
Drachen · Spinnen	tanzen · rennen
Hennen	gewinnen

Nach einem **kurzen Selbstlaut** folgen mindestens zwei Mitlaute.

nachts, Enkel, finden, die Sonne, kurz

Bei einem kurzen Selbstlaut kann ich nur kurz auf den Schnabel tippen.

2 Schreibe die Wörter auf.

Markiere den kurzen Selbstlaut und die Mitlaute danach: *die Welt, ...*

3 Schreibe nur die Wörter mit kurzem Selbstlaut auf.

Markiere den kurzen Selbstlaut und die Mitlaute danach: *Finger, ...*

Finger · Hase · rund · Nudel	Schwester · Sand · denken
Ende · danken · Monat · oft	ganz · Nebel · kennen · Bad

4 Findet mindestens fünf weitere Wörter mit kurzem Selbstlaut.

Markiert den kurzen Selbstlaut und die Mitlaute danach.

Reimwörter zuordnen; kurze Selbstlaute und die darauffolgenden Mitlaute markieren;
Nomen anhand von Bildern aufschreiben und kurze Selbstlaute markieren;
Wörter mit kurzem Selbstlaut erkennen; Wörter mit kurzem Selbstlaut finden · AH S. 30/31 · **43**

Wörter mit Ä/ä ableiten  111

1 Finde zu jedem Wort mit **Ä/ä** das verwandte Wort mit **A/a**.
Markiere **Ä/ä** und **A/a**: *zwei Gänse – eine Gans, zwei ...*

zwei Gänse

zwei Bälle

zwei Zähne

zwei Mäntel

zwei Äste

> Ich schreibe ein Wort mit **Ä/ä**, wenn es dazu
> ein verwandtes Wort mit **A/a** gibt: die **Ä**ste ↯ der **A**st,
> die **G**ä**r**ten ↯ der **G**arten, der **J**äger ↯ **j**agen

Ich knabbere gern an Ästen.

2 Finde zu jedem Wort mit **ä** ein verwandtes Wörter mit **a**.
Schreibe so: *Bänke kommt von Bank, ...*

Bänke	Hände	Väter	Nächte
Hälse	Fächer	Räder	Blätter

3 Schreibe die verwandten Wörter richtig auf.
Markiere **ä** und **a**: *kämpfen ↯ der Kampf, ...*

k★mpfen • er schl★ft • er tr★gt
der J★ger • sie h★lt • gef★hrlich

jagen • tragen • die Gefahr
schlafen • halten • der Kampf

44

die Strategie „Wörter ableiten" kennenlernen: verwandte Wörter mit Ä/ä zuordnen (Nomen);
zu Wörtern mit ä ein verwandtes Wort mit a finden (Nomen);
verwandte Wörter zuordnen und richtig aufschreiben (Nomen, Verben, Adjektive)

AH S. 32/33

Wörter mit Äu/äu ableiten

1 Finde zu jedem Wort mit **äu** das verwandte Wort mit **au**.
Markiere **äu** und **au**: *zwei Bräute – eine Braut, ...*

zwei Bräute   zwei Häuser

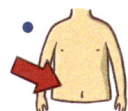

zwei Zäune   zwei Bäuche

> Ich schreibe ein Wort mit **äu**, wenn es dazu
> ein verwandtes Wort mit **au** gibt:
> die B**äu**me ↯ der B**au**m, der K**äu**fer ↯ k**au**fen

> *träumen*
> *kommt von ...*

2 Schreibe die verwandten Wörter richtig auf.
Markiere **äu** und **au**: *träumen ↯ der Traum, ...*

> tr★men · r★men · die Kr★ter
> sie l★ft · der K★fer

> kaufen · der Raum · laufen
> das Kraut · der Traum

3 Schreibe den Text richtig auf.
Meine Katze jagt gern Mäuse. Sie ...

Meine Katze jagt gern M★se.
Sie springt auch gern über Z★ne
oder klettert auf B★me.
Die Kr★ter im Garten sind ein gutes Versteck.
Gestern habe ich von meiner Katze getr★mt.

Strategie „Wörter ableiten": verwandte Wörter mit Äu/äu zuordnen (Nomen);
verwandte Wörter zuordnen (Nomen, Verben);
einen Text abschreiben und äu einsetzen

AH S. 34/35   **45**

Meine Trainingsseiten

1 Lies den Text. Was fällt dir auf?

Die Kinder gehen zu Milos Geburtstag
Ela und Emil schieben ihre Räder
Warum haben die beiden zwei Bälle dabei
Sami hält ein Geschenk in den Händen
Ob es bei Milo eine große Torte gibt

2 Schreibe den Text richtig ab.
Setze alle Satzzeichen. *Die Kinder …*

3 Finde zu jedem Wort mit **ä** aus dem Text
ein verwandtes Wort mit **a**: *Räder – Rad, …*

4 Schreibe nur die Wörter mit kurzem
Selbstlaut auf. Setze einen Punkt
unter den kurzen Selbstlaut: *A̤st, …*

Ast • **W**ind • **H**and • **Kn**o̤pf • **O**ma
n**e̤**tt • **R**o̤ck • kr**a̤**nk • **H**o̤se • r**ṳ**nd

In welchem Monat
hat Milo Geburtstag?

januari

Jänner

ocak ayı

janeiro

tammikuu

*Milo's birthday
is in January.*

LERNWÖRTER

der Geburtstag	halten, er hält	blau	alles
die Kerze	laufen, er läuft	grau	über
die Tasse	tragen, sie trägt		unter
der Quatsch			

 Schreibe Sätze mit den Lernwörtern.

einen Übungstext lesen, abschreiben und passende Satzschlusszeichen ergänzen;
Strategie „Wörter ableiten": zu Wörtern mit ä ein verwandtes Wort mit a finden; Wörter mit kurzem Selbstlaut erkennen;
Gemeinsamkeiten von Sprachen entdecken; Lernwörter üben: Sätze mit den Lernwörtern schreiben

Quer durch das Kapitel

Beantworte die Fragen in ganzen Sätzen.
Schreibe die Antworten in dein Heft.

a) Milo wird ...

Blättere zurück und finde die Antworten.

a) Wie alt wird Milo?

b) Wer räumt sein Nest auf, bevor er zu einem Fest einlädt?

c) Wie klingt das **u** bei Turm, Wurm und Sturm?

d) Wie heißt **Geburtstag** auf Englisch?

e) Am Ende eines Fragesatzes setze ich ein ...?

f) Welche drei Wörter sind deine Lieblingswörter aus dem Kapitel?

g) Welcher Text oder welches Bild hat dir am besten gefallen?

Das haben wir gelernt

Ich schreibe ein Wort mit **äu**, wenn ...

Welche Informationen gehören in eine Einladung?

Es gibt lange und kurze Selbstlaute.

Ich erkenne Aussagesätze und Fragesätze.

Ich weiß jetzt, wie ...

Fragen zum Kapitel beantworten; über Gelerntes nachdenken/reflektieren;
verständlich sprechen und erklären; Fragen stellen, wenn man etwas nicht verstanden hat

47

Streiten und sich vertragen

1. Was ist im Bootshaus passiert?

2. Wie fühlen sich die Kinder?
   Wann hast du dich schon mal so gefühlt? Erzähle.

3. Was kann Mila tun, damit Sami wieder fröhlich ist?

Spielt die Situation nach. Findet für die Freunde einen guten Schluss.

über Gefühle sprechen; Wörter zum Bild sammeln; den Wortschatz erweitern;
über Gefühle sprechen; eigene Erfahrungen und Ideen einbringen; eine Situation szenisch nachspielen

Über Gefühle sprechen

1 Seht euch die Bilder an. Welches Wort passt zu welchem Fisch?
Woran erkennt ihr das?

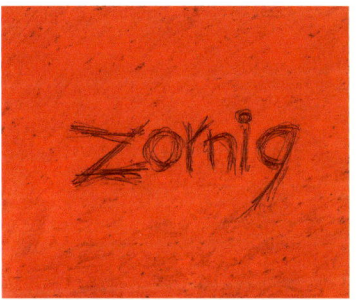

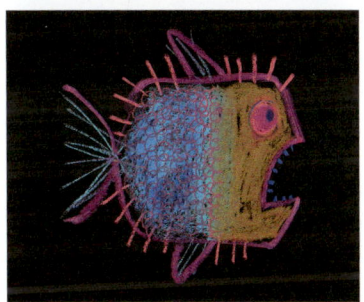

2 Hatten die Kinder ähnliche Gefühle, als Mila den Kakao
verschüttet hat? Welches Bild könnte zu welchem Kind passen?
Begründe deine Antwort.

Ich bin so ...

Nennt weitere Gefühle.
Malt die Gefühle oder spielt sie vor. Ratet.

über Gefühle sprechen; Bilder und Adjektive zuordnen;
eigene Erfahrungen und Ideen einbringen/etwas begründen;
weitere Gefühle nennen und vorspielen

49

Zu einem Bild schreiben

1 Seht euch das Bild an. Erzählt, was die Personen machen.

2 Welche Sätze passen zum Bild in **1**?
Schreibe nur die richtigen Sätze auf. *Die Sonne ...*

Die Sonne scheint.	Ein Junge sitzt auf der Schaukel.
Es regnet sehr stark.	Die Kinder sind fröhlich.
Ein Kind steht auf der Wippe.	Die Rutsche ist braun.

3 Schreibe mindestens fünf Sätze zu dem Bild in **1**.
Ein Mädchen ...
Auf der Bank ...
...

Denke an den
Punkt am Satzende.

Was machst du gerne auf dem Spielplatz? Schreibe Sätze.

über ein Bild sprechen; passende Sätze zu einem Bild erkennen und abschreiben; Sätze zu einem Bild schreiben;
eigene Sätze schreiben

Zu einer Bildfolge schreiben

1 Erzählt, was auf den Bildern zu sehen ist.

2 Schreibe zu jedem Bild mindestens einen Satz.
Die Kinder fahren ins Trainingslager. Die Eltern ...

3 Wie könnten die anderen Kinder den Jungen trösten?
Was könnten die Kinder sagen?
Schreibt eure Ideen in Stichworten auf.
– ...

Ich hatte auch schon einmal Heimweh ...

Hast du schon einmal eine ähnliche Situation erlebt?

über eine Bildfolge sprechen; Sätze zu Bildern schreiben; eigene Ideen in Stichpunkten aufschreiben;
einen Sachverhalt aus dem eigenen Lebensbereich verständlich darstellen

51

Adjektive kennenlernen

1 Lest die Wörter auf den Karten. Welche Wörter passen zu Olli?

blau		krumm
rot		schmutzig
grün		groß
kariert		weich
lila		lang
grau		glatt
bunt		spitz

> **Adjektive** sagen, wie etwas ist: groß, weich, grün.
> Mit Adjektiven kann ich genauer beschreiben.
> **Wie** sind die Federn? – Die Federn sind **weich**.

2 Beschreibt Olli mit den Adjektiven aus **1**.

Ollis Schnabel ist …

Seine Federn sind …

Der Kopf ist …

Olli hat …

3 Schreibe mindestens sechs Sätze über Olli. Markiere die Adjektive.

Ollis Schnabel ist krumm*. Seine Federn sind …*

Adjektive zuordnen; die Wortart „Adjektive" kennenlernen;
mit Adjektiven beschreiben; Sätze mit Adjektiven schreiben

4 Finde die zehn Adjektive. Schreibe sie auf.

fleißig, ...

fleißig	Tiger	dunkel	Auge
dünn	trinken	dick	warm
Haus	trocken	kurz	singen
essen	faul	hell	nass

5 Schreibe die Sätze ab. Setze die Adjektive passend ein.
Markiere alle Adjektive.

Mäuse sind klein. Elefanten ...

schnell · groß · schwer · sauer

Mäuse sind **klein**. Elefanten sind ☐.
Birnen sind **süß**. Zitronen sind ☐.
Schnecken sind **langsam**. Hasen sind ☐.
Federn sind **leicht**. Steine sind ☐.

Mit Adjektiven kann ich **Gegensätze** beschreiben.
klein – groß, hell – dunkel, langsam – schnell

---

6 Findet die Gegensätze zu diesen Adjektiven.
Schreibe so: *arm – reich, jung – ...*

arm · jung · hart · richtig · stark · leise · heiß

Welche Adjektive passen zu dir?

Ich bin schlau, frech und witzig.

Adjektive erkennen; einen Text abschreiben und passende Adjektive (Gegensätze) einsetzen;
den Begriff „Gegensatz" kennenlernen; Gegensätze finden; Adjektive zu sich selbst finden

AH S. 36/37   53

Sprachen vergleichen

1 Lest die Sprechblasen. Welche Sprachen sprechen die Kinder?

*приве́т!
как дела?*

Valentin, 7 Jahre
aus Russland

*Hello!
How are you?*

Emily, 8 Jahre
aus Irland

*Salut!
Ça va?*

Liam, 7 Jahre
aus Frankreich

*¡Hola!
¿Qué tal?*

Pablo, 7 Jahre
aus Spanien

*Hallo!
Wie geht's?*

Maria, 7 Jahre
aus Deutschland

*Merhaba!
Nasılsın?*

Zeynep, 8 Jahre
aus der Türkei

2 Vergleicht die Sprechblasen aus **1**.
Findet Gemeinsamkeiten und Unterschiede.

*Mir fällt
auf, dass …*

*Unterschiedlich
ist, dass …*

Hallo und **hello**
klingen ähnlich.

3 Ordne die englischen Sätze passend zu. *1: Ela is …*

①

②

③

Milo is sad.
Ela is angry.
Emil is happy.

Welche Sprachen sprechen die Kinder in eurer Klasse?
Haltet euer Ergebnis auf einem Klassenplakat fest.

Merkwörter mit V/v

1 Sprich die Wörter deutlich. Wie klingt das **V/v**?

> • Vase, • November,
> • Klavier, • Virus, • Villa

> • Vogel, vorne, viele,
> • Verkehr, • Verpackung

2 Schreibe die Wörter aus **1** in eine Tabelle.

Vase 	Vogel
der November, …	vorne, …

> Manchmal klingt V/v wie **f**, manchmal wie **w**.

> Wörter mit **V/v** sind **Merkwörter**.
> Diese Wörter muss ich mir gut merken.
> die **V**ase, **v**ier, **v**ergessen

3 Ergänzt die Wörter mit **V/v** in eurer Tabelle aus **2**.

> der Vulkan • der Vorname
> der Vampir • vergessen
> der Pullover • voll

> viel • der Advent
> der Verkäufer • vorsichtig
> das Pulver • das Verb

4 Schreibe den Text ab. Setze die Wörter mit **V/v**
passend ein: *Vanessa und Viktor …*

und   fahren mit ihrem   zum Kinderfest.
Vanessa   ihr Glück beim Dosenwerfen.
Sie gewinnt zwei Bonbons und   Lollis.
Auf dem Trampolin   sich Viktor am Fuß.
Er bekommt einen weißen   und ein   Pflaster.

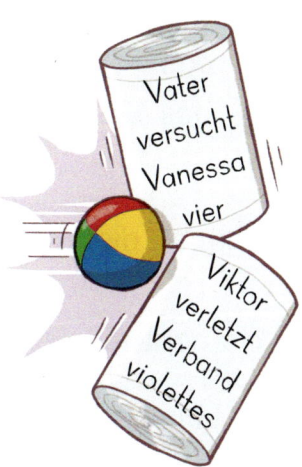

Vater versucht Vanessa vier

Viktor verletzt Verband violettes

die Strategie „Merkwörter" kennenlernen;
die unterschiedliche Aussprache von V/v erkennen; Wörter mit V/v nach ihrer Aussprache ordnen;
einen Text abschreiben und Wörter mit V/v passend einsetzen

AH S. 40/41   **55**

Wörter mit d/t am Ende verlängern ↬ 111

1 Sprich die Wörter. Was hörst du am Wortende?

> Wenn ich am Ende eines Wortes **t** höre, muss ich prüfen, ob ich **d** oder **t** schreibe. Dazu verlängere ich das Wort.
> der Hun**d** ↬ viele Hun**d**e, das Gesich**t** ↬ viele Gesich**t**er
>
> *Am Wortende klingen d und t gleich.*

2 **d** oder **t**? Finde zu jedem Nomen in **1** die Verlängerung.
Schreibe die Wörter so auf: *Bild ↬ Bilder, Brot ↬ ...*

> Bilder · Monde · Kleider · Elefanten · Pferde · Brote · Räder

3 Verlängere die Nomen. Schreibe die Wörter auf:
der Abend ↬ viele Abende, das ...

> der Aben★ ↬ viele Aben★e   das Hem★ ↬ viele Hemden
> das Fel★ ↬ viele Fel★er   das Lan★ ↬ viele Länder
> das Lie★ ↬ viele Lie★er   das Gel★ ↬ viele Gelder

4 Schreibe die Sätze richtig auf: *Milo geht ...*

Milo geht mit seinem Fiete im spazieren.

Die Leine hält Milo fest in seiner . Unterwegs sehen sie ein .

Wörter mit b/p, g/k am Ende verlängern

1 Lest den Text. Achtet auf die markierten Endungen.

Die Kinder haben im Schran**k** Omas Kleider
entdeckt. Am Nachmitta**g** verkleiden sie sich.
Ela ist eine Fee mit einem Zaubersta**b**.
Sami trägt ein Kleid und ein altes Sie**b**
auf dem Kopf. Mila sieht aus wie ein Die**b**.
Wer versteckt sich hinter dem Kleiderber**g**?

2 Finde zu jeder Verlängerung das passende Wort im Text.
Schreibe die Wörter so auf: *Nachmittage ↝ Nachmittag, ...*

> Nachmittage · Diebe · Schränke
> Kleiderberge · Siebe · Zauberstäbe

*der Flug
– viele Flüge*

> Wenn ich am Ende eines Wortes **p** oder **k** höre,
> muss ich prüfen, ob ich **b/p** oder **g/k** schreibe.
> Dazu verlängere ich das Wort.
> das Sie**b** ↝ viele Sie**b**e, der Ta**g** ↝ viele Ta**g**e,
> die Ban**k** ↝ viele Bän**k**e

3 Verlängere die Wörter. Setze richtig ein: **b** oder **p**, **g** oder **k**.
der Trank ↝ viele Tränke, ...

- Tran★   • Sta★   • Zu★   • Ber★   • Mitta★
- Zwer★   • Kal★   • Monta★   • Flugzeu★   • We★

4 Schreibe mit diesen Wörtern Sätze.
Markiere **b** oder **p**, **g** oder **k** am Wortende.

Meine Trainingsseiten

1 Lies den Text. Wie klingen die markierten Wörter am Ende?

Sami liest einen spannenden **Text** über Vulkane.
Mila liest ein Buch über einen jungen **Dieb**,
der mit seinem **Freund** auf einer **Burg** lebt.
Aus Versehen verschüttet Mila ihren Kakao.
Der warme Kakao fließt über Samis neues **Heft**.
Schnell versucht Mila, das nasse Heft zu trocknen.

2 Finde zu allen markierten Wörtern im Text
eine passende Verlängerung:
der Text ↪ viele Texte, ...

Ordne die Adjektive
passend zu.
sad — traurig, ...

sad — traurig
müde
angry — fröhlich
tired
happy — wütend

Wie fühlst du
dich heute?

3 Schreibe den Text ab. Markiere alle Wörter
mit **V/v**. *Sami liest ...*

4 Finde die fünf Adjektive im Text.
Schreibe die Adjektive
mit ihrem Gegensatz auf:
spannend — langweilig, ...

LERNWÖRTER

der Freund	geben, es gibt	gelb	leider
die Freundin	trinken, er trinkt	kalt	mit
der November		rot	
der Vulkan		wütend	

 Wähle ein Lernwort aus. Übe es als Wort des Tages.  113

Quer durch das Kapitel

Beantworte die Fragen in ganzen Sätzen.
Schreibe die Antworten in dein Heft.

a) Diese Wörter nennt man ...

a) Wie nennt man Wörter, die sagen, wie etwas ist?

b) Was ist der Gegensatz von **reich**?

c) Wie heißt **fröhlich** auf Englisch?

d) Welche Jahreszeit ist gerade am Bootshaus?

e) Wie klingt der Selbstlaut bei **Sturz**?

f) Welche drei Wörter sind deine Lieblingswörter aus dem Kapitel?

g) Welcher Text oder welches Bild hat dir am besten gefallen?

> Blättere zurück und finde die Antworten.

Das haben wir gelernt

> Besonders gefallen hat mir ...

> Adjektive erkenne ich ...

> Schwergefallen ist mir ...

> Ich kenne Wörter aus anderen Sprachen.

> Die Strategie „Verlängern" hilft mir, wenn ...

Fragen zum Kapitel beantworten; über Gelerntes nachdenken/reflektieren;
verständlich sprechen und erklären; Fragen stellen, wenn man etwas nicht verstanden hat

59

Gesund und lecker

1 Was essen die Kinder auf dem Bild?

2 Was isst und trinkst du gern?

3 Naomi isst am liebsten Obst. Was kann sie wählen?

Informiert euch: Welche Lebensmittel sind gesund? 114
Schneidet Bilder aus und gestaltet ein Plakat.

über Essen und Trinken sprechen; Wörter zum Bild sammeln; den Wortschatz erweitern;
eigene Erfahrungen und Ideen einbringen und sich zu Gedanken anderer äußern; sich informieren und ein Plakat erstellen

Eine Umfrage machen

1 Lest die Schilder. Welches Obst und Gemüse kennt ihr?

2 Welches Obst und welches Gemüse magst du?
Welches magst du nicht? Erzähle.

3 Macht eine Umfrage: Welches Obst esst ihr am liebsten?
Haltet euer Ergebnis fest.

4 Wertet euer Ergebnis aus.

Die meisten
Kinder mögen …

Überrascht hat
mich, dass …

Fünf Kinder essen
am liebsten …

Macht aus eurem Lieblingsobst einen Obstsalat.

über ein Bild sprechen; sich an Gesprächen beteiligen;
eine Umfrage machen; das Ergebnis der Umfrage festhalten und gemeinsam auswerten

61

Eine Liste schreiben

1 Lest die Einkaufszettel. Mit welchem Einkaufszettel würdest du lieber zum Einkaufen gehen? Begründe.

Liebe Naomi,

wir wollen morgen einen Obstsalat machen. Bitte kaufe auf dem Markt ein. Wir brauchen eine Banane, Trauben, drei Äpfel und eine Orange. Wir haben auch keine Zitrone mehr. Wenn du möchtest, kannst du noch Heidelbeeren mitbringen.

Mama

Einkaufsliste für Obstsalat:
- *eine Banane*
- *Trauben*
- *drei Äpfel*
- *eine Orange*
- *eine Zitrone*
- *Heidelbeeren*

2 Die Klasse 2a plant ein Klassenfrühstück. Schreibe eine Liste. Was wollen die Kinder frühstücken?

Liste für das Klassenfrühstück:
- *drei Brote*
- *...*

Ich könnte zwei Liter Milch mitbringen.

Unser Bäcker macht so leckeres Brot. Davon bringe ich drei mit!

Ich möchte Saft trinken.

Wir bringen zwei Packungen Käse und Wurst mit!

Emir und ich kaufen drei Flaschen Orangensaft.

Ich kann zwei Gläser Erdbeermarmelade mitbringen.

Ich bringe Äpfel aus unserem Garten mit.

 Was möchtest du in der nächsten Woche essen? Schreibe eine Liste mit deinen Lieblingsspeisen.

Ein Rezept schreiben

1 Lest das Rezept. Was fällt euch auf?

Obstsalat

Ich wasche *zuerst* die Äpfel und schneide sie klein.
Ich schäle *dann* die Bananen und die Orange
und schneide sie in kleine Stücke.
Ich wasche *nun* die Trauben und zupfe sie vom Stiel.
Ich wasche *anschließend* die Heidelbeeren.
Ich schneide *zuletzt* die Zitrone auf und presse sie aus.
Ich mische *zum Schluss* das Obst mit dem Zitronensaft.

2 Schreibe das Rezept aus **1** auf.
Stelle die *schräg gedruckten Wörter* nach vorne.
Obstsalat
Zuerst wasche ich die Äpfel und ...
Dann ...

Verschiedene
Satzanfänge machen
Texte interessanter.

3 Schreibe das Rezept für Nudelsalat
in der Ich-Form auf. Verwende verschiedene
Satzanfänge. *Zuerst koche ich ...*

Zuerst ... • Dann ...
Anschließend ...
Nun ... • Zuletzt ...

Nudeln kochen

Paprika waschen und in kleine Stücke schneiden

saure Sahne mit etwas Salz und Pfeffer würzen

Nudeln mit Paprikastücken in eine Schüssel füllen

saure Sahne darüber geben und alles verrühren

Den unbestimmten Artikel kennenlernen

1 Schreibe die Nomen mit dem bestimmten und
dem unbestimmten Artikel auf: *der Keks – ein Keks, der ...*

DER / EIN

Keks
Kuchen
Löffel
Pilz

DIE / EINE

Gabel
Nuss
Schokolade
Torte

DAS / EIN

Brot
Gummibärchen
Messer
Eis

Vor Nomen (Substantive) kann ich einen Artikel (Begleiter) schreiben.
Unbestimmte Artikel sind **ein** und **eine**.

der Stein – ein Stein, die Schere – eine Schere, das Papier – ein Papier

---

2 Schreibe die Nomen mit dem bestimmten und
dem unbestimmten Artikel auf: *die Suppe – eine Suppe, ...*

- Suppe
- Ei
- Milch

- Apfel
- Brei
- Rezept

- Marmelade
- Käse
- Ofen

- Öl
- Quark
- Kartoffel

3 Schreibe die Sätze ab. Ergänze den passenden Artikel.
Olli wünscht sich eine Pizza. Auf die ...

Olli wünscht sich • ☐ Pizza. Auf • ☐ Pizza soll nur Käse.
Marie möchte • ☐ Eis. Auf • ☐ Eis soll viel Sahne.
Emir isst • ☐ Banane. • ☐ Banane hat braune Stellen.
Ella kocht sich • ☐ Ei. • ☐ Ei soll weich sein.
Tina macht sich • ☐ Brot. Auf • ☐ Brot legt sie Tomaten.

> *Wann brauche ich welchen Artikel?*

64

den unbestimmten Artikel als Begleiter kennenlernen;
Nomen mit dem bestimmten und unbestimmten Artikel aufschreiben;
einen Text abschreiben und den bestimmten und unbestimmten Artikel passend einsetzen

AH S. 46/47

Zusammengesetzte Nomen

1 Schreibe die zusammengesetzten Nomen auf:

Karotten + Saft = Karottensaft, ...

Saft

> Nomen (Substantive) kann ich zusammensetzen.
> der Apfel + der Saft = der Apfelsaft, das Eis + der Tee = der Eistee

2 Zerlege die zusammengesetzten Nomen:

Birnenquark = Birnen + Quark, ...

> Birnenquark · Brotdose
> Honigbiene · Gemüsesuppe

> Bananenschale · Käsekuchen
> Bauernhof · Zuckerrübe

3 Schreibe die Sätze richtig auf: *Ein Brot mit Honig ist ein Honigbrot.*

Ein Kuchen mit Pflaumen ist ...
Ein Teller für Kuchen ist ...

Ein Brot mit Honig ist ...
Eine Flasche mit Wasser ist ...

Der Artikel passt immer zum zweiten Nomen.

4 Bilde zusammengesetzte Nomen. Schreibe mindestens fünf Nomen mit Artikel auf: *das Glas + die Tür = die Glastür, ...*

- Glas
- Wagen
- Eis
- Wasser
- Polizei
- Flasche
- Saft
- Tür
- Klinke
- Frucht

Den Wortstamm entdecken

1 Schreibe die Wörter auf.
Markiere den Wortstamm **Spiel/spiel**:
*nach*spielen, *Spiel*regel

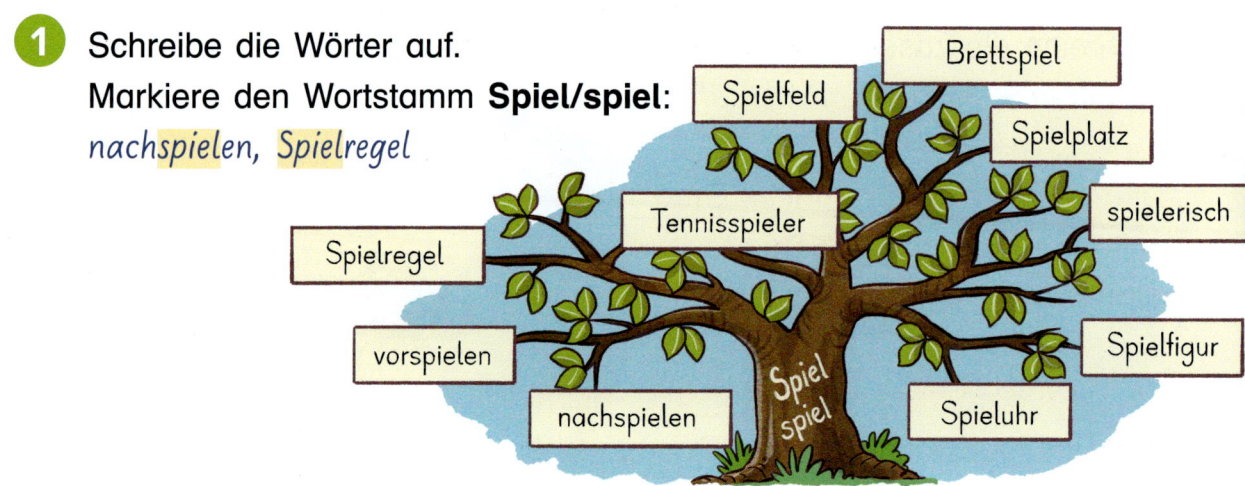

Spielfeld
Brettspiel
Spielplatz
Tennisspieler
spielerisch
Spielregel
Spielfigur
vorspielen
nachspielen
Spiel spiel
Spieluhr

> Jedes Wort hat einen **Wortstamm**.
> Wörter mit dem gleichen Wortstamm gehören zu einer **Wortfamilie**.
> Spiel/spiel: **spiel**en, **Spiel**feld, Tennis**spiel**er

2 Schreibe die Wörter mit den Wortstämmen **Koch/koch** und
Pflanz/pflanz geordnet auf. Markiere den Wortstamm:
Koch/koch: der Koch, ...   Pflanz/pflanz: pflanzen, ...

| pflanzen | kochen | anpflanzen | • Kochbuch | einpflanzen |
| • Koch | ungekocht | • Pflanze | • Kochtopf | • Topfpflanze |

3 Bilde Wörter mit dem Wortstamm **Mal/mal**.
Markiere den Wortstamm: *Maler, ...*

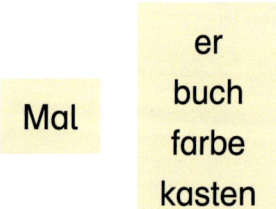

Mal

er
buch
farbe
kasten

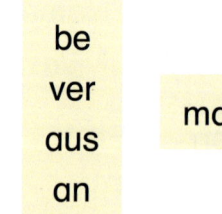

be
ver
aus
an

mal

en
bar

die Begriffe „Wortstamm" und „Wortfamilie" kennenlernen;
den Wortstamm Spiel/spiel markieren; Wörter mit den Wortstämmen Koch/koch und Pflanz/pflanz ordnen;
Wörter mit dem Wortstamm Mal/mal zusammensetzen

AH S. 50/51

Wortstamm und Wortfamilie

1 Lest den Text. Wie viele Wörter der Wortfamilie **fahren** findet ihr?

Auf dem Weg zum Markt

Jeden Samstag fährt Milas Oma
mit dem Fahrrad zum Markt.
Dort verkaufen fahrende Händler
Früchte aus aller Welt.
Heute fahren viele Menschen zum Markt.
Alle Fahrbahnen sind verstopft.
An der Kreuzung warten viele Autofahrer.
Zum Glück kann Oma an den Fahrzeugen
vorbeifahren.

Manchmal verändert sich der Wortstamm in einer Wortfamilie.
fahren – er **fähr**t, **flieg**en – das **Flug**zeug, sie **flog**

---

2 Schreibe die Wörter der Wortfamilie **fahren** aus **1** auf.
Markiere den Wortstamm **Fahr/fahr**: *fährt, Fahrrad, ...*

3 Schreibe die Wörter der Wortfamilie **fliegen** auf.
Markiere den Wortstamm: *der Flug, abfliegen, ...*

Achtung, ich komme im Sturzflug!

> der Flug • abfliegen • der Abflug • das Flugzeug • fliegen • sie flog
> der Landeanflug • der Flughafen • er fliegt • der Papierflieger

4 Finde mindestens fünf Wörter zu den Wortfamilien **schreiben**
und **zählen**. *schreiben: ...*

die Wortfamilie fahren erkennen und den Wortstamm markieren;
den veränderten Wortstamm der Wortfamilie fliegen erkennen und markieren;
den Wortschatz erweitern: Wörter zu den Wortfamilien schreiben und zählen finden   AH S. 52/53   **67**

Merkwörter mit stummem h

1 Schreibe die Wörter ab.
Markiere das stumme **h**: *das Jahr, ...*

Ich höre hier kein **h**.

das Jahr	der Frühling	mehr
zehn	bezahlen	früh
der Lehrer	der Sohn	ohne

Wörter mit stummem **h** sind **Merkwörter**.
Diese Wörter muss ich mir gut merken.
za**h**m, me**h**r, der So**h**n, die U**h**r

---

2 Schreibe die Wörter richtig auf.
Markiere das stumme **h**: *das Fahrrad, ...*

3 Schreibe die Wörter der Wortfamilien **fahren** und **wohnen** richtig auf.
Markiere das stumme **h**: *fahren: das Fahrzeug, ...*

das Fa ★ rzeug · du fä ★ rst · ihr fa ★ rt · die Vorfa ★ rt · der Fa ★ rer

bewo ★ nen · du wo ★ nst · ich wo ★ ne · die Wo ★ nung · bewo ★ nt

4 Finde in der Wörterliste unter **M/m** Wörter mit stummem **h**.
Schreibe mit jedem Wort einen Satz.

Strategie „Merkwörter": Merkwörter mit stummem h schreiben und das stumme h markieren;
das stumme h bei den Wortfamilien fahren und wohnen einsetzen;
Wörter mit stummem h in der Wörterliste finden

AH S. 54/55

Wörter mit ie

1 Lest die Zungenbrecher so schnell ihr könnt.

Wenn Fliegen hinter Fliegen fliegen,
fliegen Fliegen Fliegen nach.

Wenn der verliebte Riese
liebe Briefe liest,
liest der verliebte Riese
Liebesbriefe.

2 Schreibe einen Zungenbrecher aus **1** ab.
Markiere immer **ie**: *Wenn Fliegen ...*

> Höre ich ein langes **i**, schreibe ich fast immer **ie**:
> das Sp**ie**l, l**ie**gen, v**ie**le

Ich liebe Spazierflüge!

3 Schreibe die Reimwörter auf. Markiere **ie**: *sie, Knie, ...*

sie	hier	fliegen	Flieder
Kn★	T★	l★	w★
w★	Pap★	w★	L★

4 Setze die Verben passend ein: *Milo liest ...*

Milo ▯ ein Buch. Fiete ▯ aus dem Fenster.
Diesen Dienstag ▯ wir mein neues Spiel.
Sieben Bienen ▯ über die Wiese.
Viele Ziegen ▯ diese Zwiebeln.

spielen
fliegen
liest
sieht
lieben

die Regelschreibung ie vertiefen;
Zungenbrecher lesen, abschreiben und ie markieren; Reimwörter mit ie aufschreiben;
einen Text abschreiben und Wörter mit ie passend einsetzen

AH S. 56/57

69

Meine Trainingsseiten

1 Lies den Text. Welche Buchstaben fehlen?

Es ist 18 U★r. Die Kinder sitzen hungrig auf
i★ren Stü★len im Bootshaus.
Auf dem Tisch stehen eine Salatschüssel,
ein Obstteller, ein Salzstreuer und vieles me★r.
Im Brotkorb liegen viele Brötchen. Sami isst sie
am liebsten o★ne Butter.

2 Schreibe den Text richtig auf.
Markiere immer das **stumme h**:
Es ist 18 Uhr. Die ...

Vergleicht die Sprachen.
Findet Gemeinsamkeiten
und Unterschiede.

Apfelkuchen

æbletærte

apple cake

tarte aux pommes

torta di mele

Mele heißt auf
Italienisch **Äpfel**.

3 Finde alle zusammengesetzten Nomen
im Text. Schreibe die Nomen so auf:
Bootshaus = Boot + Haus, ...

4 Schreibe fünf Wörter mit dem Wortstamm
Lieb/lieb auf.

LERNWÖRTER

das Spiel	fahren, sie fährt	gefährlich	sehr
der Stuhl	lesen, sie liest	tief	viel
das Tier	liegen, er liegt	wahr	wenig
der Zahn	sehen, er sieht		

Merke dir so viele Lernwörter wie möglich.
Schreibe sie auf und kontrolliere.

einen Übungstext lesen und richtig aufschreiben; das stumme h einsetzen und markieren;
zusammengesetzte Nomen zerlegen; Wörter mit dem Wortstamm Lieb/lieb finden;
Gemeinsamkeiten und Unterschiede in Sprachen entdecken; Lernwörter üben: merken, aufschreiben und kontrollieren

70

Quer durch das Kapitel

Beantworte die Fragen in ganzen Sätzen.
Schreibe die Antworten in dein Heft.

a) Beide Wörter gehören ...

a) Zu welcher Wortfamilie gehören **fährt** und **Fahrer**?

b) Was lieben viele Ziegen?

c) Welcher unbestimmte Artikel passt zu **Suppe**?

d) Was sucht Mila im Kühlschrank?

e) Was wollen Naomi und Mama zusammen machen?

f) Welche drei Wörter sind deine Lieblingswörter aus dem Kapitel?

g) Welcher Text oder welches Bild hat dir am besten gefallen?

> Blättere zurück und finde die Antworten.

Das haben wir gelernt

> Wörter mit **stummem h** muss ich mir merken.

> Besonders leicht finde ich ...

> Kannst du mir noch mal erklären, was eine Wortfamilie ist?

> Hast du einen Tipp, wie ich mir Merkwörter gut merken kann?

> Texte klingen schöner, wenn ...

Fragen zum Kapitel beantworten; über Gelerntes nachdenken/reflektieren;
verständlich sprechen und erklären; Fragen stellen, wenn man etwas nicht verstanden hat

71

Bücher und Geschichten

1 Beschreibt Milas Lieblingsort zum Lesen.

2 Wo liest du am liebsten?

3 Wie stellt ihr euch eine Lesenacht vor? Sammelt eure Ideen.

Wofür ist Lesen wichtig?

über Orte zum Lesen sprechen; Wörter zum Bild sammeln, den Wortschatz erweitern;
eigene Erfahrungen und Ideen einbringen und sich zu Gedanken anderer äußern; Vermutungen anstellen

Über Bücher sprechen

1 Es gibt verschiedene Bücher. Ordnet jedem Buch den passenden Begriff zu.

Märchenbuch · Kinderbuch · Bilderbuch · Sachbuch

2 Welches Buch aus **1** würdest du gerne lesen? Begründe.

Ich experimentiere gerne, deshalb ...

Ich möchte „Das Zebra unterm Bett" lesen, weil ...

3 Welche Erklärung passt zu welchem Fachbegriff? Ordnet zu.

Titel
Cover
Autorin
Verlag
Illustrator

Titelseite

Name des Buches

Person, die das Buch geschrieben hat

Person, die die Bilder gemalt hat

Firma, die das Buch hergestellt hat

Ein Buch vorstellen

1   Mila stellt ihr Lieblingsbuch vor. Lies ihren Steckbrief zum Buch.

Buchtipp von   _Mila_

Titel: _Mathildas Monster_
Autorin: _Michelle Knudsen_
Illustrator: _Matt Phelan_
Verlag: _Orell Füssli_

Wichtige Personen in meinem Buch: _Mathilda, Mathildas Bruder_

Davon handelt das Buch: _Viele Kinder in Mathildas Klasse haben schon ein Monster. Mathilda möchte auch ein eigenes Monster haben. Doch es kommt einfach nicht. Also macht sich Mathilda selbst auf die Suche._

Meine Lieblingsstelle: _Seite 28: Und dann, ganz leise, hörte sie eine Stimme sagen: „Hier bin ich." Mathilda folgte der Stimme. Sie war wirklich sehr leise, aber Mathilda konnte sie sehr gut hören._

Mein Buch ist: spannend ☒   lustig ☐   traurig ☐   _fantasievoll_   ☒
Ich empfehle dieses Buch: _allen Kindern, die Geschichten mit Monstern mögen_

2   Stelle ein Buch vor.

> Ihr könnt eure Steckbriefe in der Schule ausstellen.

So geht es:
1. Suche dir ein Buch aus. Lies das Buch.
   Markiere deine Lieblingsstellen mit Klebezetteln.
2. Schreibe einen Steckbrief zu deinem Buch.
3. Übe deinen Vortrag.
4. Stelle dein Buch vor.  115

Eine Geschichte weiterschreiben

1 Lest den Anfang der Geschichte.

Es ist gemütlich im Bootshaus. Alle Kinder lesen.
Oma klopft an die Tür. Sie ruft: „Kommt, Kinder,
wir machen eine Nachtwanderung!"
Mila und ihre Freunde freuen sich. Die Kinder
nehmen ihre Taschenlampen und gehen hinaus in den dunklen Wald.
Plötzlich knackt es zwischen den Bäumen …

2 Wie könnte die Geschichte aus **1** weitergehen? Entscheide dich
für ein Bild und erzähle einem Partnerkind deine Ideen.

rascheln • gruselig • Herz klopft • auf einmal • zum Glück
ein Reh • Milos Vater • alle begeistert • lachen

*Diese Wörter
können dir helfen.*

3 Schreibe die Geschichte weiter. Finde eine passende Überschrift.

4 Lest euch eure Geschichten vor. Gebt euch Rückmeldungen.  116

*Ich mag an deiner
Geschichte, dass …*

*Besonders gefallen
hat mir …*

*Ich habe einen Tipp
für dich: …*

den Anfang einer Geschichte lesen; über ein mögliches Ende der Geschichte sprechen;
eine Geschichte weiterschreiben; eine passende Überschrift finden;
seinen Text vorstellen; sich gegenseitig Rückmeldungen geben

75

Grundform und Personalformen von Verben

1 Bildet Vierer-Gruppen mit Jungen und Mädchen. Spielt die Bilder nach.

| ich | du | er | sie | es |

| wir | ihr | sie |

2 Ordnet die Verbformen den Bildern in **1** zu.

| finde | findest | finden | findet |

Verben verändern sich, je nachdem, wer etwas tut.
Verben können in der **Grundform** oder in einer **Personalform** stehen.

3 Schreibe das Verb **spielen** in allen Personalformen auf. Markiere, was sich verändert:
ich spiele, du spielst, ...

spielen	— **Grundform**
ich spiel**e**	
du spiel**st**	
er/sie/es spiel**t**	— **Personalformen**
wir spiel**en**	
ihr spiel**t**	
sie spiel**en**	

Pronomen in Gruppen nachspielen; Verben und Pronomen zuordnen;
die Begriffe „Grundform" und „Personalform" kennenlernen;
ein Verb in allen Personalformen aufschreiben und die Endungen markieren

4 Schreibe die Verben in allen Personalformen auf.
Markiere die Endungen: *ich male, du malst, ...*

> **malen:** male · malst · malt · malen · malt · malen
> **singen:** singe · singst · singt · singen · singt · singen

5 Schreibe den Text ab. Setze die Verben in der richtigen
Personalform ein: *Milo liegt ...*

Milo liege / liegt mit seinem Buch auf dem Sofa.

Sami liest / lesen eine Zeitschrift über Tiere.

„Zwergfledermäuse wohnst / wohnen in unseren

Häusern", sagen / sagt Sami. Milo geht / gehen an den Computer.

Er gibt / geben das Wort „Zwergfledermaus" in die Suchmaschine ein.

Sami meint: „Ich finden / finde diese Tiere spannend."

6 Welche Verben gehören zusammen? Schreibe sie auf.
essen – er isst, lesen ...

> essen · lesen · helfen · nehmen
> laufen · fallen · treffen · geben

> es läuft · er isst · er fällt
> sie trifft · du nimmst
> sie hilft · es gibt · du liest

7 Schreibe Sätze. Markiere das Verb in der Personalform.
Naomi pflückt Blumen. Mila ...

Verben in allen Personalformen aufschreiben;
einen Text abschreiben und Verben in der richtigen Personalform einsetzen;
Grundformen und unregelmäßige Personalformen zuordnen; Sätze zu Bildern schreiben

AH S. 58/59   **77**

Wortfelder

1 Seht euch das Bild an. Was tun die Personen auf dem Bild?

springen • schreien • jubeln • rennen • humpeln • flüstern

> Verben mit ähnlicher Bedeutung gehören zu einem **Wortfeld**.
> Wortfeld **gehen**: laufen, rennen, schleichen …

2 Schreibe die Verben aus **1** in eine Tabelle.

Wortfeld: sagen	Wortfeld: gehen
flüstern	…
…	

Unterschiedliche Verben machen Texte interessanter.

3 Spielt die Verben zum Wortfeld **gehen** nach.
Findet ihr weitere passende Verben?

4 Schreibe den Text ab. Ersetze **sagt** immer durch ein anderes Verb aus dem Wortfeld **sagen**. *Ben …*

Ben **sagt**: „Mir ist so langweilig."
„Sei doch still, ich möchte lesen!", **sagt** Milo.
Ben **sagt**: „Ich weiß nicht, was ich machen soll."
Milo **sagt**: „Soll ich dir das Buch vorlesen?"
„Toll!", **sagt** Ben fröhlich.

Wortfeld sagen

jammern
schreien • rufen
flüstern • fragen
antworten
bitten • meinen
schimpfen

über ein Bild/Verben sprechen; den Begriff „Wortfeld" kennenlernen;
Verben aus den Wortfeldern gehen und sagen ordnen; Verben aus dem Wortfeld gehen nachspielen;
einen Text abschreiben und Verben aus dem Wortfeld sagen passend einsetzen
AH S. 60/61

Piktogramme und Emojis

1 Piktogramme findet ihr sehr oft.
Erklärt, was diese Piktogramme bedeuten.

2 Welche Piktogramme gibt es in eurer Schule?
Findet Beispiele und schreibt auf, was sie bedeuten.

3 Löse die Rätsel mit den Emojis.
Schreibe die Sätze auf.

Das Mädchen schwimmt im Meer. Der Opa ...

> *Ihr könnt auch im Internet nach Beispielen suchen.*

> *Emoji ist japanisch und bedeutet Piktogramm.*

4 Warum gibt es Piktogramme? Überlegt.

🦜 Erfinde selbst ein Piktogramm, zum Beispiel für „Fliegen verboten"
oder „hausaufgabenfreie Zone".

Doppelte Mitlaute

1 Lest den Brief. Sprecht die Wörter mit doppeltem Mitlaut deutlich.
Wie klingt der Selbstlaut davor?

> Lieber Milo,
>
> wollen wir uns am Mittwoch oder
> am Donnerstag an der Hütte treffen?
> Ich bringe Wasser und eine Kanne Kakao
>
> mit. Möchtest du Kartoffelsalat essen?
>
> Gruß und Kuss
> dein Opa

2 Schreibe Milos Brief ab. Markiere alle doppelten Mitlaute
und den kurzen Selbstlaut davor: *Lieber Milo, wollen ...*

> **Doppelte Mitlaute** folgen nur nach einem kurzen Selbstlaut.
> der Affe, nett, das Zimmer, wollen, der Kuss

*Bei **Lappen** und **Lippen**
kann ich nur kurz auf den
Schnabel tippen.*

3 Schreibe die Reimwörter auf: *Schlüssel, Rüssel, ...*

Schlüssel	Mutter	Tanne	rollen
R ★	B ★	W ★	w ★
Sch ★	F ★	Pf ★	s ★

4 Einfach oder doppelt? Diskutiert und begründet eure Entscheidung.

***Roller** wird mit
Doppel-l geschrieben.*

*Stimmt, das **o**
klingt kurz.*

80

einen Brief lesen; den kurzen Selbstlaut vor einem doppelten Mitlaut erkennen;
einen Brief abschreiben und doppelte Mitlaute markieren; Reimwörter mit doppelten Mitlauten aufschreiben;
die Länge des Selbstlauts unterscheiden; über die Schreibung von Wörtern mit einfachem und doppeltem Mitlaut diskutieren   AH S. 64/65

Wörter mit ß

1 Seht euch das Bild an. Was tun Mila und Milo?

2 Schreibe den Text ab. Setze die Wörter passend ein.
Markiere **ß**: *Mila und Milo segeln auf einem Floß.*

Mila und Milo segeln auf einem ⬚.
Milo isst ⬚.
Mila hat keine Schuhe an. Sie ist ⬚.
Die Kinder lachen und haben ⬚.
Mila ⬚ einen ⬚ an das Ufer.

> Spaß · Fußball
> Floß · Süßigkeiten
> schießt · barfuß

3 Schreibt die Wörter mit **ß** auf. Überprüft mit der Wörterliste.
beißen, ...

4 Findet weitere Wörter mit **ß**. Schreibt die Wörter auf.
Die Wörterliste kann euch helfen.

über ein Bild sprechen; einen Text abschreiben und Wörter mit ß passend einsetzen;
Wörter mit ß aufschreiben; weitere Wörter mit ß (in der Wörterliste) finden

AH S. 66/67   **81**

Meine Trainingsseiten

1   Lies den Text. Woher kommt der Schatten?

Die Kinder treffen sich zur Lesenacht.
Mila sitzt im Sessel und liest ein Märchen.
Milo blättert in einer Zeitschrift über
Spinnen. Plötzlich fällt ein großer Schatten
an die Wand. Fliegt dort eine Fledermaus?

2   Schreibe den Text ab. Markiere alle doppelten Mitlaute.
Die Kinder treffen sich …

3   Finde die sechs Verben im Text.
Schreibe zu jedem Verb
die Grundform auf:
sitzt – sitzen, …

Vergleiche die beiden Cover.

Das linke Buch ist auf Spanisch.

4   Schreibe das Verb **fliegen**
in allen Personalformen auf:
ich fliege, du …

LERNWÖRTER

der Fußball	essen, sie isst	doppelt	alle
der Sommer	fallen, es fällt	groß	zwischen
das Wetter	grüßen, er grüßt	weiß	
das Zimmer	kommen, sie kommt		

Finde die Lernwörter in der Wörterliste. Welches Wort steht danach?
Schreibe immer beide Wörter auf.

einen Übungstext lesen, verstehen und abschreiben; Wörter mit doppeltem Mitlaut markieren;
die Grundform von Verben aufschreiben; ein Verb in allen Personalformen aufschreiben;
Gemeinsamkeiten und Unterschiede von Sprachen/Covern entdecken; Lernwörter üben: in der Wörterliste finden

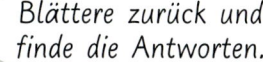

Blättere zurück und finde die Antworten.

Quer durch das Kapitel

Beantworte die Fragen in ganzen Sätzen.
Schreibe die Antworten in dein Heft.

a) Im Meer ...

a) Wer schwimmt im Meer?

b) Wozu gehören Verben mit ähnlicher Bedeutung?

c) Was bringt Emil mit zur Lesenacht?

d) Wer möchte unbedingt ein Monster haben?

e) Welche Grundform gehört zur Personalform **sie hilft**?

f) Welche drei Wörter sind deine Lieblingswörter aus dem Kapitel?

g) Welcher Text oder welches Bild hat dir am besten gefallen?

Das haben wir gelernt

Ich kenne jetzt ...

Piktogramme gibt es an vielen Orten.

Fuß und Fußball schreibe ich mit **ß**.

Ich habe noch nicht verstanden, wie ...

Warum muss ich schwimmen mit **mm** schreiben?

Fragen zum Kapitel beantworten; über Gelerntes nachdenken/reflektieren;
verständlich sprechen und erklären; Fragen stellen, wenn man etwas nicht verstanden hat

83

Sommer, Sonne, Wolken

1. Welche Wolkentiere entdeckt ihr im Bild?

2. Wo habt ihr diese Tiere schon mal in Wirklichkeit gesehen?

3. Entdeckt ihr im Bild noch andere Tiere? Sucht euch ein Tier aus und informiert euch darüber. Erzählt dann dazu. 114

Geht nach draußen. Findet ihr Wolkentiere?

Ein Gedicht vortragen

1 Lies die Gedichte leise. Wovon handeln die Gedichte?

Löwenzahn

Löwenzahn, Löwenzahn,
fängt ganz klein zu wachsen an.
Warmes Frühlingswetter:
viele Zackenblätter!

Löwenzahn, Löwenzahn,
fängt jetzt rasch zu blühen an.
Kaum hat er begonnen:
lauter gelbe Sonnen!

Löwenzahn, Löwenzahn,
wie er sich verwandeln kann,
denn wohin ich schaue:
Pusteblumen graue ...

Ilona Bodden

Verblühter Löwenzahn

Wunderbar
stand er da im Silberhaar.

Aber eine Dame,
██ * war ihr Name,
machte ihre Backen dick,
machte ihre Lippen spitz,
blies einmal, blies mit Macht,
blies ihm fort die ganze Pracht.

Und er blieb am Platze
zurück mit einer Glatze. ◈

Josef Guggenmos

* Hier musst du einen Namen einsetzen.

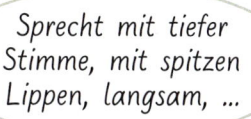

*Sprecht mit tiefer
Stimme, mit spitzen
Lippen, langsam, ...*

2 Lest euch die Gedichte aus **1**
gegenseitig vor. Achtet auf die Betonung.

3 Übt ein Gedicht aus **1** und lernt es auswendig.
Tragt das Gedicht vor.

zwei Gedichte lesen und verstehen; sich an Gesprächen beteiligen;
einen Gedichtvortrag üben; ein Gedicht auswendig vortragen

85

Ein Elfchen schreiben

1 Lies die beiden Gedichte. Was fällt dir auf?

Licht
Gelbe Sonne
Sie scheint hell
Mir wird ganz heiß
Sommer

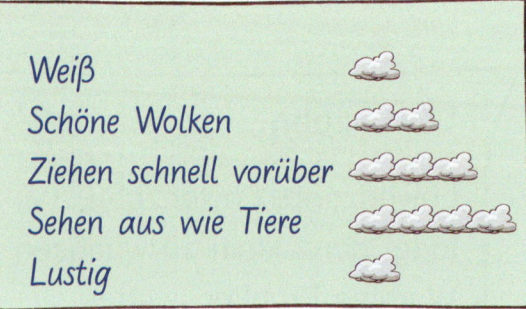

Weiß
Schöne Wolken
Ziehen schnell vorüber
Sehen aus wie Tiere
Lustig

2 Diese Gedichte heißen Elfchen, weil sie aus *elf Wörtern* bestehen. Erklärt ihren Bauplan. Die Sonnen und Wolken helfen euch.

3 Schreibe so, dass ein Elfchen entsteht.

Süße Äpfel   Lecker   Glänzen am Baum

Sie schmecken nach Sonne   Glücklich

4 Schreibe ein eigenes Elfchen.

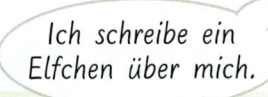
Ich schreibe ein
Elfchen über mich.

So geht es:

1. Finde **ein Wort** für: einen Gegenstand
   oder eine Farbe oder ein Gefühl.
2. Beschreibe mit **zwei Wörtern**: Was oder wer ist es?
3. Erkläre mit **drei Wörtern** genauer.
4. Erkläre mit **vier Wörtern** noch mehr.
5. Finde **ein Wort** zum Abschluss.

zwei Elfchen lesen; den Bauplan von Elfchen verstehen und erklären;
ein Elfchen ordnen; ein eigenes Elfchen schreiben

Geschichtenaufbau

1 Beschreibt das Bild.

2 Lest die Absätze von Elas Zoo-Geschichte.
Überlegt: Wie ist die richtige Reihenfolge?
Achtet auf den roten Faden.

Anschließend gingen wir auf den Spielplatz. Es war ein besonders schöner Tag im Zoo.

Am Sonntag war ich mit meiner Familie im Zoo. Die Sonne schien und es war sehr warm.

Die Elefanten trompeteten laut aus ihren Rüsseln. Plötzlich spritzte einer der Elefanten mit Wasser. Auch einige Zuschauer wurden dabei nass. Die Delfine sprangen aus dem Wasser und machten verrückte Kunststücke. Die Tiere bekamen viel Applaus.

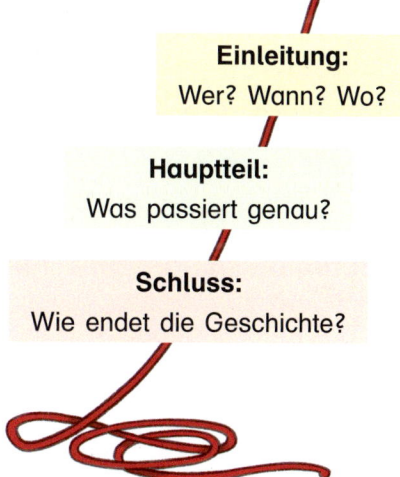

Einleitung:
Wer? Wann? Wo?

Hauptteil:
Was passiert genau?

Schluss:
Wie endet die Geschichte?

3 Finde eine passende Überschrift für Elas Geschichte.
Schreibe Elas Geschichte geordnet auf.
Beginne mit der Überschrift.

über ein Bild sprechen; die Absätze einer Geschichte lesen und ordnen;
eine Geschichte geordnet aufschreiben; eine passende Überschrift finden

87

Aufforderungssätze und Ausrufe

1 Lest die Sprechblasen mit Betonung. Was fällt euch auf?

Beeilt euch ein bisschen!

Oje, so ein Durcheinander!

Das kann doch nicht wahr sein, hier fehlt ein Schuh!

Hilf mir bitte!

Stell bitte die Gläser in die Spülmaschine!

Leg dein Handy zur Seite!

Oh nein!

Macht die Musik leiser!

Oh, wie schön!

Nach einem **Aufforderungssatz** oder einem **Ausruf** setze ich ein **Ausrufezeichen**.

Räum dein Zimmer auf! Oje, so ein Durcheinander!

Den Satzanfang schreibe ich immer groß.

---

2 Schreibe die Sätze aus **1** ab.
Markiere den Satzanfang und das Ausrufezeichen am Satzende.

Beeilt euch ein bisschen! Oje, ...

3 Schreibe mindestens fünf Aufforderungssätze.

Sei bitte ...

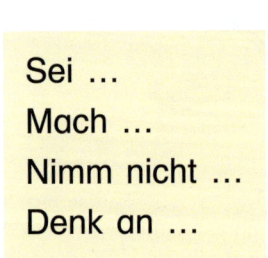

Sei ...

Mach ...

Nimm nicht ...

Denk an ...

...

88

Sätze mit Betonung lesen; die Begriffe „Aufforderungssatz" und „Ausruf" kennenlernen;
Satzanfänge und Satzschlusszeichen markieren;
eigene Aufforderungssätze schreiben

AH S. 68/69

Verschiedene Satzarten

1 Lest die Sätze laut. Achtet auf die unterschiedliche Betonung.

2 Schreibe die Sätze aus **1** ab. Entscheide: . oder ! oder ? .
Markiere den Satzanfang und das Zeichen am Satzende.
Wann sind wir endlich da? Wir ...

3 Bilde mit den Satzteilen sinnvolle Aussagesätze. *Die Familie ...*

Die Familie	liegt	in den Urlaub
Das Gepäck	tankt	ein Brötchen
Das Mädchen	fährt	großen Hunger
Der Junge	isst	im Kofferraum
Die Mutter	hat	das Auto

Diese Satzteile heißen Satzglieder.

4 Stellt die Satzteile aus **3** so um, dass Fragesätze entstehen.
Fährt die Familie in den Urlaub? Liegt ...

Wörter mit Ä/ä und Äu/äu ableiten

1 Lest den Text. Wovon handelt er?

In unserem Garten

Im Garten hinter unserem Haus steht
ein Strauch mit Himbeeren. Im Sommer nasche
ich gerne die Beeren.
Daneben steht ein schöner Baum. An jedem Ast
hängt ein Apfel mit einem Blatt. Im Herbst pflückt
mein Vater die Früchte mit der Hand.
Manchmal machen wir aus den Früchten Saft.

2 Finde im Text die verwandten Wörter
mit **a** oder **au**. Schreibe so:
Gärten ↯ Garten, Häuser ↯ ...

> Gärten • Häuser • Bäume
> Hände • Väter • Äste • Säfte
> Äpfel • Blätter • Sträucher

3 Schreibe die verwandten Wörter richtig auf: *die Läuferin ↯ laufen, ...*

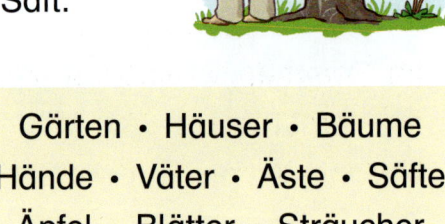

> die L★ferin • tr★men • sie f★hrt
> der Verk★fer • sie f★ngt

> der Traum • fahren • fangen
> verkaufen • laufen

4 Finde immer ein verwandtes Wort mit **a** oder **au**.
Schreibe so: *die Sätze ↯ der Satz, ...*

S★tze · Tr★me · M★nner · M★se · B★nke · W★nde · F★cher · er l★ft · sie schl★ft

Strategie „Wörter ableiten": verwandte Wörter mit A/a und Au/au im Text finden; verwandte Wörter zuordnen;
verwandte Wörter mit A/a und Au/au finden

AH S. 72/73

Wörter mit b/p, d/t, g/k am Ende verlängern

1 Lest den Text. Überlegt: Wo ist der Bär im Winter?

Ein Märchen

Es war einmal ein Mädchen mit einem roten **Hu**★.
Jeden **Samsta**★ besuchte das Mädchen
seinen Opa in seiner alten **Bur**★.
Eines Tages traf das Mädchen ein **Bärenkin**★.
Es wurde ihr bester **Freun**★. Von nun an begleitete der kleine Bär
das Mädchen auf dem **We**★ durch den **Wal**★.
Im Frühling pflückten die beiden Blumen,
im Sommer sammelten sie Beeren in einem **Kor**★ und
im Herbst tobten das Mädchen und der Bär durch die bunten Blätter.
Nur im Winter lief das Mädchen allein durch den Schnee.

2 Finde zu den markierten Wörtern in ① eine Verlängerung.
Schreibe die Wörter richtig auf. Zeichne Silbenbögen: *Hut ↪ Hüte, ...*

3 Verlängere die Wörter. Schreibe so:
der Dieb ↪ viele Diebe, ...

Mit einem Mikroskop kannst du Dinge stark vergrößert ansehen.

b oder **p**: der Die★ · der Urlau★ · das Sie★ · das Mikrosko★

d oder **t**: das Kin★ · das Wor★ · das Ba★ · das Pfer★

g oder **k**: der Ta★ · der Schran★ · das Flugzeu★ · der Ber★

Finde in der Wörterliste Adjektive, die auf **b**, **d** oder **g** enden.
Markiere **b**, **d** oder **g**: *lieb, ...*

ein kurzes Märchen lesen; Strategie „Wörter verlängern": Nomen mit b/p, d/t und g/k am Ende verlängern;
Adjektive mit b/p, d/t und g/k in der Wörterliste finden

AH S. 74/75

91

Wörter mit ck

1 Lest die Sätze laut vor. Was fällt euch auf?

Förster **hacken**, Bäcker **backen**.
Lamas **spucken**, Blitze **zucken**.
Uhren **ticken**, Kinder **spicken**.
Hunde **lecken**, Monster **erschrecken**.

Bei ticken kann ich nur kurz auf den Schnabel tippen.

> **ck** folgt nur nach einem kurzen Selbstlaut.
> die Ja**ck**e, verste**ck**en, di**ck**

2 Schreibe die Sätze aus **1** ab.
Markiere **ck** und den kurzen Selbstlaut davor: *Förster ha̧cken, ...*

3 Welche Buchstaben fehlen? Schreibe den Text richtig auf.
Schreibe so: *Zufrieden auf der Brü̧cke ...*

Zufrieden auf der Brü★e
sitzt eine Mü★e.
Da wa★elt's in der He★e
und ein Hund rennt um die E★e.
Der Mü★e fällt vor lauter Schre★
ihre De★e in den Dre★.
Erschro★en fliegt die Mü★e weg.

4 Schreibe die Reimwörter auf. *Block, Stock, ...*

Block	bücken	Stück	Zecken
St★	pfl★	Gl★	w★
R★	R★	zur★	verst★

92 einen kurzen Text mit Reimwörtern lesen und abschreiben; ck und den kurzen Selbstlaut markieren; einen Text abschreiben und ck einsetzen; Reimwörter mit ck aufschreiben

AH S. 76/77

Wörter mit tz

1 Lest den Zungenbrecher so lange, bis ihr ihn auswendig könnt.

Fritzchens Katze Matze
kratzt mit ihrer Tatze
Schlitze in die Matratze.

2 Schreibe den Zungenbrecher aus **1** ab.
Markiere **tz** und den kurzen Selbstlaut davor: *Fritzchens ...*

> **tz** folgt nur nach einem kurzem Selbstlaut.
> der Platz, die Spritze, putzen

*Bei **Spatz** und **Spritze** tippe ich nur kurz auf die Schnabelspitze.*

3 Schreibe die Reimwörter auf.
Schreibe so: *Katze – Glatze, ...*

• Katze

• Gl ★

sitzen

spr ★

• Mütze

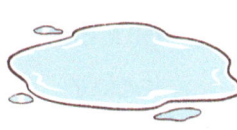

• Pf ★

putzig

schm ★

4 Finde Wörter, die sich auf **Spatz** reimen. *Spatz, ...*

einen Zungenbrecher lesen und auswendig lernen;
einen Zungenbrecher abschreiben; tz und den kurzen Selbstlaut markieren;
Reimwörter mit tz aufschreiben/finden

Meine Trainingsseiten

1 Lies den Text. Was fällt dir auf?

Ela, Milo und Sami blicken zum Himmel ★
die Wolken sehen aus wie Tiere ★
„oh, wie schön ★", ruft Ela ★ eine Schnecke kriecht
hinter Samis Rücken die Wand hinauf ★
in ihrem Netz in der Ecke sitzt eine Spinne ★ worauf sie wohl wartet ★

2 Schreibe den Text richtig auf.
Markiere den Satzanfang und
die Zeichen am Satzende: *Ela ...*

3 Finde im Text alle Wörter mit **ck** und **tz**.
Schreibe so: *blicken, ...*

4 Verlängere die Wörter.
Schreibe so: *Bank – Bänke, ...*

Ban ★ • Bur ★ • Hu ★
Wal ★ • Die ★ • Kor ★

Ordne die Tierlaute
passend zu.
Hahn: Cocoricó!, ... Hund: ...

Cocoricó!
Wuff, wuff!
Chicchirichi!
Kikeriki!
Ham ham!
Voff voff!

*Klingen Tiere
in anderen Ländern
wirklich anders?*

LERNWÖRTER

der Blitz	entdecken, er entdeckt	glücklich	an
das Glück	putzen, er putzt	lecker	am
das Netz	zeigen, sie zeigt	schmutzig	oben
der Weg			unten

 Schreibe mit den Lernwörtern Sätze.

94

einen Übungstext lesen und richtig aufschreiben; Großschreibung am Satzanfang beachten und Satzschlusszeichen passend einsetzen;
Wörter mit ck und tz markieren; Nomen mit b/p, d/t und g/k verlängern; Gemeinsamkeiten und Unterschiede von Sprachen entdecken;
Lernwörter üben: Sätze schreiben

Quer durch das Kapitel

Beantworte die Fragen in ganzen Sätzen.
Schreibe die Antworten in dein Heft.

a) Ela hat ...

Blättere zurück und finde die Antworten.

a) Welches Wolkentier hat Ela entdeckt?

b) Aus wie vielen Wörtern besteht ein Elfchen?

c) Wie macht die Dame ihre Lippen?

d) Wie heißt Fritzchens Katze?

e) Was steht vor Hauptteil und Schluss?

f) Welche drei Wörter sind deine Lieblingswörter aus dem Kapitel?

g) Welcher Text oder welches Bild hat dir am besten gefallen?

Das haben wir gelernt

Ich kann ...

*Dieb schreibe ich mit **b** am Ende, weil ...*

Das erste Wort eines Elfchens ist ...

Hast du einen Tipp, wann ich ein Ausrufezeichen schreibe?

Eine Geschichte besteht aus ...

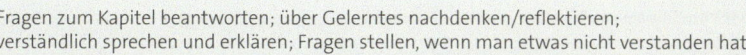

Fragen zum Kapitel beantworten; über Gelerntes nachdenken/reflektieren;
verständlich sprechen und erklären; Fragen stellen, wenn man etwas nicht verstanden hat

95

Briefe und andere Nachrichten

1 Warum sind die Kinder aufgeregt?

2 Warum könnte jemand eine Flaschenpost verschicken?

3 Kennt ihr Geschichten, in denen eine Flaschenpost vorkommt?

Überlegt, wie man heute Nachrichten verschicken kann.

Eine Nachricht entschlüsseln

1 Könnt ihr die Geheimschrift entschlüsseln?
Schreibt den ganzen Code auf: *1 = A, 2 = ...*

2 Entschlüsselt die Nachricht und schreibt sie auf.
Hallo, ...

3 Die Kinder am Bootshaus haben die Nachricht entschlüsselt.
Was werden sie tun?

Erfindet eine eigene Geheimschrift.

HCI EHCERPS STRÄWKCÜR. SAD THETSREV DNAMEIN.

eine Geheimschrift entschlüsseln und die Nachricht richtig aufschreiben;
sich an Gesprächen beteiligen; Vermutungen anstellen;
eine eigene Geheimschrift erfinden

97

Einen Brief schreiben

1 Lest den Brief. Sprecht über die Fachbegriffe in den blauen Kästen.

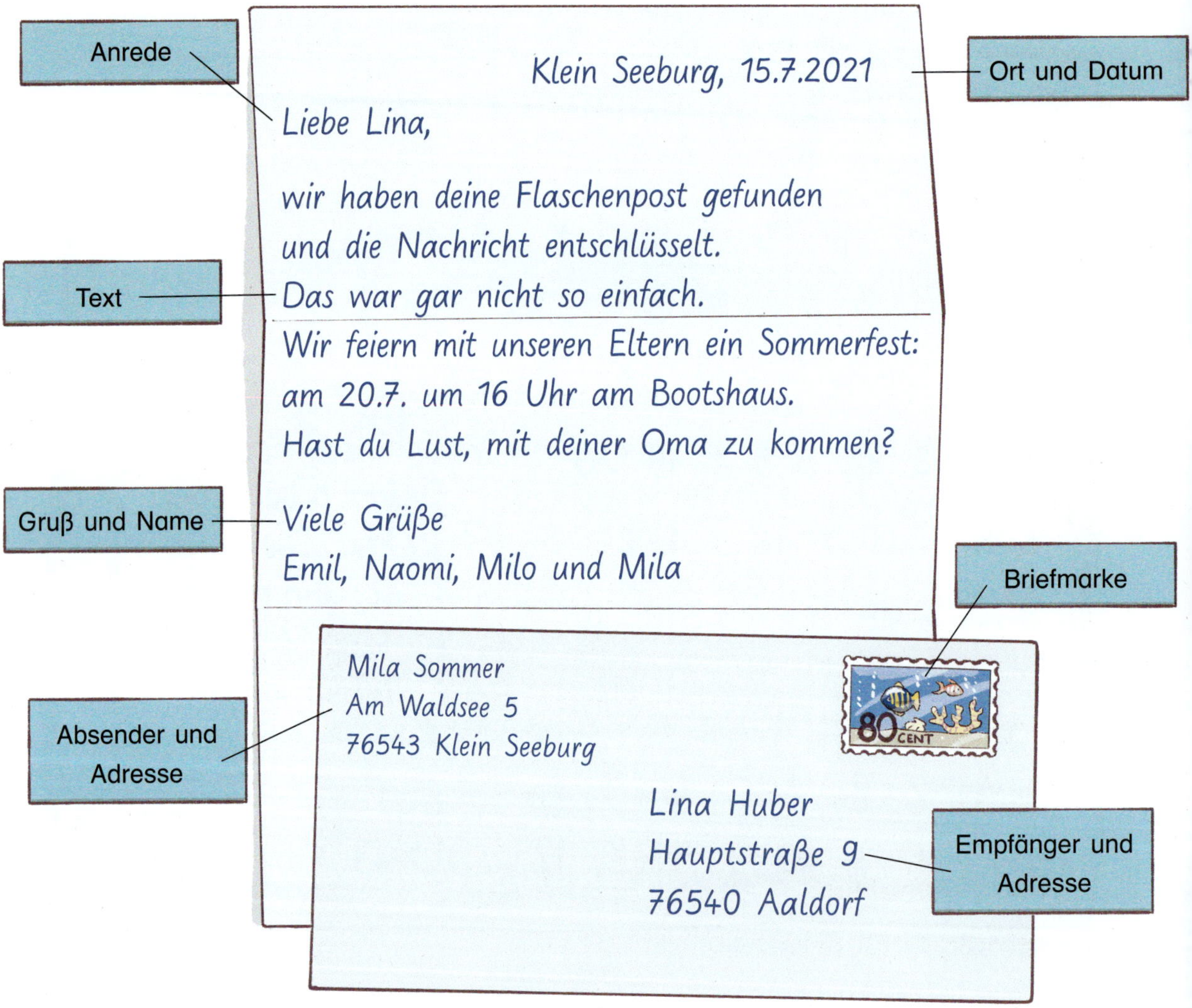

Anrede

Ort und Datum

Klein Seeburg, 15.7.2021

Liebe Lina,

Text

wir haben deine Flaschenpost gefunden
und die Nachricht entschlüsselt.
Das war gar nicht so einfach.

Wir feiern mit unseren Eltern ein Sommerfest:
am 20.7. um 16 Uhr am Bootshaus.
Hast du Lust, mit deiner Oma zu kommen?

Gruß und Name

Viele Grüße
Emil, Naomi, Milo und Mila

Briefmarke

Absender und Adresse

Mila Sommer
Am Waldsee 5
76543 Klein Seeburg

80 CENT

Lina Huber
Hauptstraße 9
76540 Aaldorf

Empfänger und Adresse

2 Überlege, wem du schreiben möchtest.
Schreibe die wichtigen Informationen auf. *Anrede: ...*

> Anrede · Ort und Datum · Empfänger und Adresse
> Gruß und Name · Absender und Adresse

Ich schreibe meiner Freundin Lori in Portugal.

3 Schreibe einen Brief. *Liebe / Lieber ...*

Eine E-Mail schreiben

1 Lest die E-Mail. Sprecht über Fachbegriffe in den blauen Kästen.

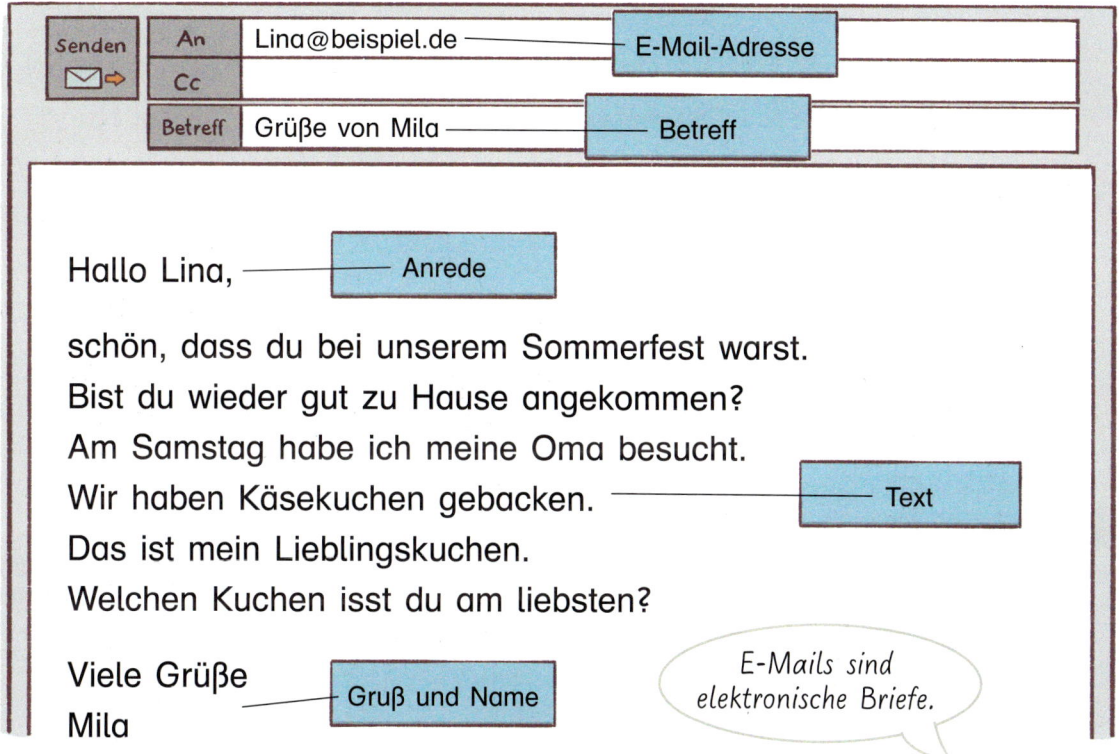

2 Überlegt gemeinsam: Was ist beim E-Mail-Schreiben anders als beim Briefe-Schreiben?

3 Schreibe eine E-Mail an Olli. Was ist dein Lieblingskuchen?
An: olli@cornelsen.de
Betreff: Lieblingskuchen
Hallo Olli, ...

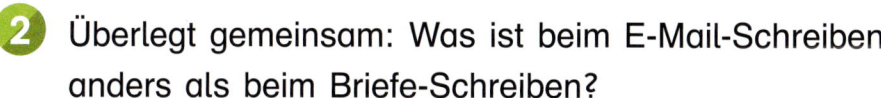

Schreibst du lieber E-Mails oder Briefe? Begründe.
Ich schreibe lieber ...

Adjektive verändern sich

1 Schreibe die Sätze ab. Markiere, was sich beim Adjektiv verändert.
Der Brief ist lang. Der lange …

Der Brief ist lang.	Die Nachricht ist neu.	Das Handy ist grün.
Der lang**e** Brief …	Die neu**e** Nachricht …	Das grün**e** Handy …
Ein lang**er** Brief …	Eine neu**e** Nachricht …	Ein grün**es** Handy …
Die lang**en** Briefe …	Die neu**en** Nachrichten …	Die grün**en** Handys …

> Steht ein **Adjektiv** vor einem Nomen, verändert sich die Endung.
> groß – der groß**e** Bruder, ein groß**er** Bruder, ein groß**es** Kind, …

2 Schreibe den Text ab. Setze die Adjektive passend ein.
Es war einmal ein junger …

Es war einmal ein   jung / junger   Wurm,
der kroch auf einen   großen / groß   Turm.
Da kam ein   starker / stark   Regensturm
und blies ihn schief, den   alten / alt   Turm.
Schnell kroch der   junge / jung   Regenwurm
herunter von dem   schief / schiefen   Turm.

3 Setze passende Adjektive ein:
Naomis T-Shirt ist weiß. Das weiße …

Naomis T-Shirt ist   .
Das   T-Shirt hat einen   Kragen.
Auf dem   T-Shirt ist ein   Kleeblatt.
Naomis Hose ist   . Die   Hose ist kurz.
Auf der   Hose sind   Blumen.

Wie sieht
deine Kleidung
aus?

Wortarten erkennen: Nomen, Verben, Adjektive

1 Erinnert euch: Woran erkennt ihr Nomen, Verben und Adjektive?

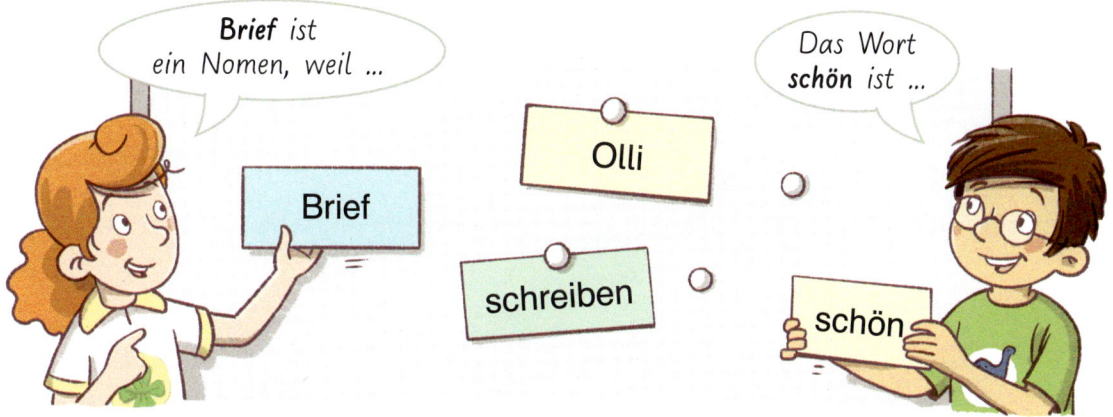

Brief ist ein Nomen, weil ...

Olli

Brief

schreiben

Das Wort *schön* ist ...

schön

2 Schreibe die Nomen, Verben und Adjektive geordnet auf.

Nomen: Igel, ...   Verben: ...   Adjektive: ...

flüssig	Igel	warm	Lina
baden	Quelle	reisen	besuchen
pflegen	schmal	Bein	geheim

3 Schreibe die Sätze ab. Unterstreiche Nomen blau, Verben rot und Adjektive grün: *Blaue Blumen blühen.*

Blaue Blumen blühen.
Tapfere Tanten tanzen.
Mama malt mutige Mäuse.
Papa putzt pummelige Pflaumen.
Kluge Käfer kaufen kleine Käsekuchen.
Freundliche Feen feiern fröhliche Feste.

Mein O-Satz: Ordentlicher Olli ordnet Omas Orangen.

4 Wähle zwei Buchstaben aus. Schreibe eigene Sätze wie in **3**.
Lass ein Partnerkind Nomen, Verben und Adjektive unterstreichen.

Wortarten wiederholen: Nomen, Verben und Adjektive erkennen und ordnen;
einen Text abschreiben und Nomen, Verben und Adjektive farbig unterstreichen;
eigene Sätze schreiben

AH S. 82/83   101

Dialekte und Wörterspiele

1 ABC-Wörter: Findet zu jedem Buchstaben ein Wort.
Affe, B...

2 Spielt „Ich sehe was, das du nicht siehst". Wechselt euch ab.

3 Hier stimmt doch was nicht! Schreibe die zusammengesetzten Nomen richtig auf: *Piratenkapitän, ...*

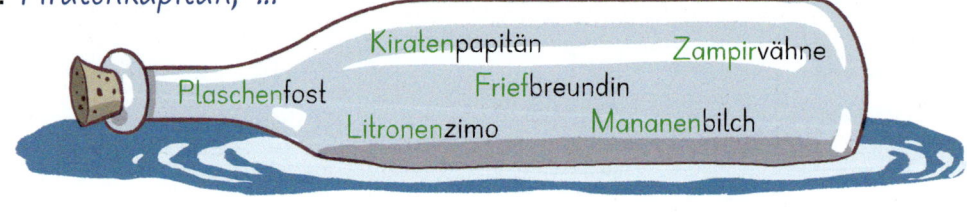

Kiratenpapitän
Zampirvähne
Plaschenfost
Friefbreundin
Litronenzimo
Mananenbilch

4 Diese Wörter kommen aus unterschiedlichen Dialekten in Deutschland. Zu jedem Bild passen vier Wörter. Ordne zu.
1: Brötchen, Schrippe, ...

Brötchen • Bulette • Schrippe • Berliner
Fleischpflanzerl • Krapfen • Frikadelle • Semmel
Fleischküchle • Weckerl • Kräppel • Pfannkuchen

Wie sagst du dazu?

102 mit Sprache spielen: das Alphabet wiederholen, Nomen erraten, zusammengesetzte Nomen richtig aufschreiben; Dialekte kennenlernen

AH S. 84/85

Vorangestellte Wortbausteine

1 Welche Verben finden Milo und Mila mit der Drehscheibe?
Erklärt ihre Bedeutung.

Verfahren heißt, dass ich in die falsche Richtung gefahren bin.

Jetzt darf ich drehen!

Vorsilben sind Wortbausteine. Sie verändern die Bedeutung von Wörtern. **ab**malen, **aus**malen, **ver**laufen, **vor**laufen

2 Bilde mit den Vorsilben auf der Drehscheibe neue Verben.
Markiere die Vorsilben: *ver*geben, ...

geben	schreiben	sprechen

3 Schreibe die Verben ab.
Markiere die Vorsilben:
*aus*trinken, ...

austrinken · anbinden · verzählen
umbauen · mitbringen · vorzeigen
auffallen · absteigen · nachgeben

4 Setze die Verben passend ein: *Milo und Mila verlassen ...*

Milo und Mila ▯ das Bootshaus.
Sami darf Fietes Leine nicht ▯.
Ela möchte Mila in der Warteschlange ▯.

vorlassen · loslassen
verlassen

Verben mit vorangestellten Wortbausteinen/Vorsilben ab-, an-, mit-, ver- und vor- bilden;
weitere Vorsilben erkennen und markieren;
Sätze abschreiben und Verben passend einsetzen

AH S. 86/87   103

Wörter mit ch

1 Sprecht die Wörter deutlich. Wie klingt das **ch**?

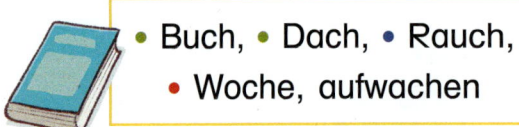

- Buch, • Dach, • Rauch,
  • Woche, aufwachen

- Milch, mich, • Küche,
  rechnen, • Gesicht

2 Schreibe die Wörter aus **1** in eine Tabelle.

Buch	Milch
der Rauch, ...	...

*Manchmal klingt **ch** wie in **Milch** und manchmal wie in **Buch**.*

3 Ergänzt die Wörter mit **ch** in eurer Tabelle aus **2** .

der Drache • nichts • durch
wach • rechts • hoch

die Tochter • riechen • schlecht
die Kirche • der Nachbar • flach

4 Schreibe den Text ab. Markiere **ch** in verschiedenen Farben:
ch wie in 🥛 gelb und **ch** wie in 📘 lila. *Eine wichtige ...*

Eine wichtige Nachricht

Letzte Woche war ich auf dem Dachboden.
In einem Buch lag eine Nachricht.
Damit hatte ich nicht gerechnet.
Ach, wie aufregend!
Schnell machte ich das Licht an und las.
Es war ein Rezept für einen Käsekuchen.
Die Nachricht war doch nicht so wichtig.
Vor Lachen hielt ich mir den Bauch.

Merkwörter mit aa, ee und oo Ⓜ ⚓ 112

1 Lest die Nachricht. Findet alle Wörter mit **aa**, **ee** und **oo**.

> Liebe Oma,
> der Tag am See war toll!
> Die Erdbeeren waren lecker. Nur schade,
> dass der Tee so schnell leer war.
> Treffen wir uns morgen wieder am Bootshaus?
> Liebe Grüße!
> Deine Mila

> Wörter mit doppeltem Selbstlaut sind **Merkwörter**.
> Diese Wörter muss ich mir gut merken. der Zoo, die Beere, das Haar

2 Schreibe Milas Nachricht ab. Markiere alle Wörter mit doppeltem Selbstlaut: *Liebe Oma, der Tag am See war ...*

3 Löse die Rätsel. Schreibe die Sätze richtig auf. *Klee bringt ...*

... bringt Glück, wenn er vier Blätter hat.
... ist ein heißes Getränk.
... fällt im Winter vom Himmel.
... ist eine Figur im Märchen.

> Das Wort, das ich suche, ...

4 Schreibe eigene Rätsel wie in **3**.

eine Nachricht auf dem Handy lesen; Wörter mit doppeltem Selbstlaut markieren;
kleine Rätsel lösen; Wörter mit doppeltem Selbstlaut einsetzen; eigene Rätsel schreiben

AH S. 90/91 📲 **105**

Meine Trainingsseiten

1 Lies den Text. Wie kommt Naomi in die Flasche?

Auf dem See treibt eine Flaschenpost. Die Kinder
am Bootshaus wollen sie aus dem Wasser holen.
Milo versucht es mit einem langen Stock.
Naomi hat eine gute Idee. Mit dem Kescher fischt sie
die geheimnisvolle Flasche aus dem Wasser.
Hat ihr das vierblättrige Kleeblatt Glück gebracht?

2 Schreibe den Text ab. Markiere alle Wörter
mit doppeltem Selbstlaut. *Auf dem* See ...

3 Finde die vier Adjektive im Text.
Schreibe mit jedem Adjektiv einen Satz.

4 Schreibe die verschlüsselten Verben
richtig auf: *treiben, ...*

> teribne • hloen • vreushcne • fsciht

Vergleicht die Sprachen.
Findet Gemeinsamkeiten und
Unterschiede.

Zdravo! 🇭🇷

Goodbye! 🇬🇧

¡Adiós! 🇪🇸

Au revoir! 🇫🇷

Das heißt
Auf Wiedersehen!

LERNWÖRTER

das Boot	aufwachen, es wacht auf	leer	hin
das Haar	rechnen, sie rechnet	wichtig	her
die Milch	suchen, er sucht	schlecht	heraus
der Schnee			

🦜 Tippe die Lernwörter am Computer ab.
Färbe alle Nomen blau, Verben rot und Adjektive grün.

einen Übungstext lesen und abschreiben; Wörter mit doppeltem Selbstlaut markieren; Adjektive im Text finden;
eigene Sätze schreiben; Verben richtig aufschreiben; Gemeinsamkeiten und Unterschiede von Sprachen entdecken;
Lernwörter üben: am Computer abtippen und Nomen, Verben, Adjektive markieren

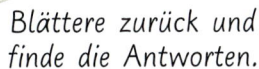

Blättere zurück und finde die Antworten.

Quer durch das Kapitel

Beantworte die Fragen in ganzen Sätzen.
Schreibe die Antworten in dein Heft.

a) Mila und Oma ...

a) Was haben Mila und Oma zusammen gegessen?

b) Was klebt man auf einen Brief?

c) Wie nennt man einen elektronischen Brief?

d) Wenn du in die falsche Richtung gefahren bist, hast du dich …

e) Wer fischt die Flaschenpost aus dem See?

f) Welche drei Wörter sind deine Lieblingswörter aus dem Kapitel?

g) Welcher Text oder welches Bild hat dir am besten gefallen?

Das haben wir gelernt

Verben erkenne ich an …

Ich kann geheime Botschaften schreiben, indem …

Vorsilben sind …

Briefe und E-Mails beginnen mit …

Schwergefallen ist mir …

Fragen zum Kapitel beantworten; über Gelerntes nachdenken/reflektieren;
verständlich sprechen und erklären; Fragen stellen, wenn man etwas nicht verstanden hat

107

So schreibe ich richtig ab

> LeMeSchKo
> = lesen, merken, schreiben, kontrollieren

1. Lesen: Ich lese das Wort laut vor. Ich spreche das Wort in Silben.

2. Merken: Ich markiere die schwierigen Stellen. Diese Stellen muss ich mir genau merken.

3. Schreiben: Ich decke das Wort ab. Dann schreibe ich es Silbe für Silbe auf. Beim Schreiben spreche ich leise mit.

4. Kontrollieren: Ich vergleiche Silbe für Silbe. Ich prüfe, ob jede Silbe einen Silbenkapitän hat.
Falls notwendig, verbessere ich.

Sätze abschreiben: Zuerst lese ich den ganzen Satz.
Dann merke ich mir Wort für Wort und schreibe den Satz auf.
Dabei kann mir eine Abschreibhilfe helfen:

1. Lege die Abschreibhilfe auf den Text.
2. Decke einzelne Wörter oder Teile des Satzes auf und schreibe sie ab.

3. Kontrolliere den Satz von hinten: Wort für Wort.

Wochenaufgabe: Suche dir einen längeren Abschreibtext.
Schreibe jeden Tag fünf Minuten lang ein Stück des Textes ab.

So finde ich ein Wort in der Wörterliste

*Ich sehe nach, wie man **Erdbeere** schreibt.*

1. Ich schlage in der Wörterliste nach.
   Ich achte auf den Anfangsbuchstaben:
   Erdbeere steht bei **E/e**.

2. Unter **E/e** stehen viele Wörter.
   Deshalb achte ich auf den
   2. Buchstaben:
   Erdbeere steht bei **Er**.

*Wieso finde ich das Wort **Bäder** nicht?*

Nomen finde ich in der Einzahl:
Äpfel steht bei **Apfel** und
Bäder steht bei **Bad**.

 Finde die Wörter in der Wörterliste.
Schreibe sie mit der Seitenzahl auf.

So übe ich Wörter mit Rechtschreib-Strategien

Ich schreibe ein Wort Silbe für Silbe auf. So vergesse ich keinen Buchstaben.

Zitroneneis

Wörter in Silben gliedern

1. Ich spreche das Wort in Silben.
2. Dann schreibe ich das Wort Silbe für Silbe auf. Beim Schreiben spreche ich leise mit.
3. Am Ende überprüfe ich, ob jede Silbe einen Silbenkapitän hat.

der Silbenkapitän, die Leiter
das Bootshaus, schwimmen

 Finde in der Wörterliste Wörter mit drei oder mehr Silben. Schreibe mindestens fünf Wörter auf. Zeichne Silbenbögen.

Ich überprüfe jeden Satz. Habe ich den Satzanfang großgeschrieben? Habe ich alle Nomen großgeschrieben?

Bist du fit? Olli ist schon ein echter Profi.

Wörter großschreiben

Nomen sind Namen für Menschen, Tiere, Pflanzen und Dinge.
Vor Nomen kann ich einen bestimmten oder unbestimmten Artikel (Begleiter) schreiben. Nomen kann ich oft in die Einzahl und Mehrzahl setzen. **Nomen** und **Satzanfänge** schreibe ich **groß**.

der Hund, die Blume, das Lineal
Der kleine Hund liebt das neue Futter.

 Finde in der Wörterliste mindestens zehn Nomen. Schreibe die Nomen mit Artikel auf.

Ich kann einfach nicht hören, wie die Wörter geschrieben werden: e oder ä, eu oder äu?

Wörter ableiten

Ich schreibe ein Wort mit **ä** oder **äu**, wenn es dazu ein verwandtes Wort mit **a** oder **au** gibt.

*B★lle: Das verwandte Wort heißt B*a*ll. Ich schreibe B*ä*lle.*

*H★ser: Das verwandte Wort heißt H*au*s. Ich schreibe H*äu*ser.*

 Finde zu diesen Wörtern verwandte Wörter mit **a** oder **au**.

b/p? d/t? g/k?

Wörter verlängern

Wenn ich nicht weiß, ob ich ein Wort am Ende mit **b/p**, **d/t** oder **g/k** schreibe, verlängere ich das Wort.
Oft hilft es, wenn ich das Wort **viele** davorstelle. So kann ich gut hören, welcher Buchstabe am Ende steht.

*der Sta*b *↝ viele Stä*b*e*
*das Klei*d *↝ viele Klei*d*er*
*der Zwer*g *↝ viele Zwer*g*e*

 Finde jeweils drei Nomen mit **b**, **d** oder **g** am Ende.
Schreibe die Nomen auf und verlängere sie.

So übe ich Merkwörter Ⓜ

Bei manchen Wörtern hilft mir keine Rechtschreib-Strategie.
Deshalb muss ich mir diese Wörter gut merken.
Diese Tipps können mir helfen.

*Manche Wörter muss
ich mir einfach merken.*

Merkwörter üben

1. Ich schreibe das Wort richtig ab.
2. Dann markiere ich die Merkstelle.
3. Ich lese und schreibe die Merkwörter
   immer wieder und merke sie mir gut.

*Mir hilft eine
Merkwörterliste.*

Plakate mit Merkwörtern erstellen

1. Wir suchen in der Wörterliste alle
   Merkwörter, die zusammengehören,
   zum Beispiel alle Merkwörter mit **aa**.
2. Wir gestalten mit den Merkwörtern
   ein Plakat für unsere Klasse.

Merksprüche lernen

Manchmal können mir Merksprüche
helfen. Ich lese einen Merkspruch,
bis ich ihn auswendig kann.

*Kennst du noch
andere Merksprüche?*

*Schreib **ver-**
und **vor-** mit Vogel-v,
dann weiß doch jeder,
du bist schlau.*

*Vase, Villa, Vogel, Vieh,
diese vier vergess ich nie!*

 Schreibe Wortkarten mit Merkwörtern. Dein Partnerkind
schreibt die gleichen Wortkarten. Spielt dann Memory®.

So stelle ich das Wort des Tages vor

*Was fällt euch ein, wenn ihr das Wort **Vulkan** hört?*

1. Bedeutung klären

Ich nenne das Wort des Tages.
Dann besprechen wir gemeinsam,
was das Wort bedeutet.

Schließt eure Augen. Jetzt schreibt das Wort in Gedanken auf.

2. Schreiben

Ich bitte die anderen Kinder, die Augen
zu schließen. Jedes Kind soll überlegen,
wie das Wort geschrieben wird.
Dann schreibe ich das Wort richtig
an die Tafel.

Wort des Tages

Vulkan

Ich prüfe, ob jede Silbe einen Silbenkapitän hat.

3. Untersuchen

Wir sprechen das Wort deutlich und
schwingen die Silben.
Ich markiere die Silbenkapitäne.
Anschließend prüfe ich, ob jede Silbe
einen Silbenkapitän hat.

Wort des Tages

Vulkan

4. Erklären

Wir suchen schwierige Stellen.
Gemeinsam überlegen wir, welche
Strategien uns helfen können.

 Wähle in der Wörterliste ein Wort mit **V/v** aus.
Stelle es als Wort des Tages vor.

So informiere ich mich zu einem Thema

Wollen
wir meine Oma
befragen?

Experten und Expertinnen fragen

1. Ich überlege, wer sich mit dem Thema gut auskennt.
2. Ich stelle der Person Fragen und mache mir Notizen.

Passende Bücher und Texte finden

1. Ich suche zu Hause oder in einer Bücherei nach passenden Büchern oder Texten.
2. Der Titel eines Buches, das Inhaltsverzeichnis oder das Register helfen mir bei der Auswahl.

Hier ist das **Register**.
Auf fünf Seiten finden wir
etwas zum Thema **Müll**.

Informationen im Internet suchen

Im Internet gibt es sehr viele Informationen. Mit einer Suchmaschine für Kinder komme ich am besten an Informationen.
Die Suchmaschinen heißen zum Beispiel *Blinde Kuh* oder *Helles Köpfchen*.

Müll vermeiden Tipps

Lass dir von einem
Erwachsenen helfen.

 Finde einige wichtige Informationen über Papageien heraus.
Lies in Büchern, im Internet oder befrage Experten und Expertinnen.

So halte ich einen Vortrag

Die Vorbereitung

1. Ich wähle ein Thema aus und informiere mich.
2. Ich suche Bilder oder Gegenstände, die ich zum Thema zeigen kann.
3. Ich kann ein Plakat gestalten.
4. Die wichtigsten Informationen schreibe ich mir in Stichpunkten auf Karteikarten.

Meine Checkliste

1. Der Inhalt: Habe ich an alles gedacht? Sind alle wichtigen Informationen enthalten?
2. Das Plakat: Ist das Plakat gut gestaltet und lesbar? Sind die Texte verständlich? Ist das Plakat fehlerfrei?

- Sind alle wichtigen Informationen enthalten?
- Passen die Bilder?
- Ist die Schrift groß genug?
- Passen die Überschriften?
- Stimmt die Aufteilung?
- Sind die Texte verständlich?
- Sind die Wörter und Sätze richtig geschrieben?

Heute zeige ich euch ...

Vielen Dank. Habt ihr noch Fragen?

Den Vortrag halten

1. Ich nenne das Thema. Die ersten Sätze lerne ich auswendig.
2. Beim Sprechen schaue ich nach vorne. Ich spreche laut und deutlich.
3. Ich zeige Bilder, Gegenstände oder mein Plakat und sage etwas dazu.
4. Am Ende bedanke ich mich fürs Zuhören und beantworte Fragen.

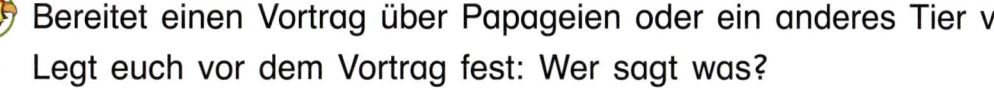

Bereitet einen Vortrag über Papageien oder ein anderes Tier vor. Legt euch vor dem Vortrag fest: Wer sagt was?

So höre ich richtig zu und gebe Rückmeldungen

1. **Vor dem Vortrag** nehme ich meine Zuhörposition ein.
Ich sitze bequem. Ich bin ruhig und schaue den Sprecher oder die Sprecherin an.
Ich nehme mir kurz Zeit und überlege, was ich bereits über das Thema weiß.

2. **Während des Vortrags** höre ich aufmerksam zu und denke mit.
Störende Geräusche beachte ich nicht.
Meine Fragen merke ich mir.

3. **Nach dem Vortrag** stelle ich meine Fragen und gebe Rückmeldungen.
Ich sage, was mir gut gefallen hat und gebe Tipps.

Hören wirklich alle Kinder richtig zu?

 Gestaltet ein Plakat mit den Strategien zum Zuhören und Rückmelden für eure Klasse.

A a

ab
- der **Abend,** die Abende
aber
acht
- der **Affe,** die Affen
alle
alles
alt
am
- die **Ameise,** die Ameisen
- die **Ampel,** die Ampeln
an
- die **Angel,** die Angeln
antworten,
er antwortet
- der **Apfel,** die Äpfel
- der **April**
- das **Aquarium,**
die Aquarien
arbeiten,
sie arbeitet
- der **Arm,** die Arme
- der **Ast,** die Äste
auch
auf
- die **Aufgabe,**
die Aufgaben
aufräumen,
er räumt auf
aufwachen,
es wacht auf
- das **Auge,** die Augen
- der **August**
aus
- die **Axt,** die Äxte

B b

- das **Baby,** die Babys
- das **Bad,** die Bäder
baden, es badet
- der **Ball,** die Bälle
- die **Bank,** die Bänke
- der **Bauch,** die Bäuche
- der **Baum,** die Bäume
- das **Bein,** die Beine
beißen, er beißt
bequem
- der **Berg,** die Berge
- der **Besen,** die Besen
- das **Bild,** die Bilder
- die **Birne,** die Birnen
bitte
bitten, sie bittet
- das **Blatt,** die Blätter
blau
bleiben, es bleibt
- der **Blitz,** die Blitze
- die **Blume,** die Blumen
- die **Blüte,** die Blüten
- das **Boot,** die Boote
böse
brauchen, er braucht
braun
breit
- der **Brief,** die Briefe
- die **Brille,** die Brillen
bringen, er bringt
- das **Brot,** die Brote
- der **Bruder,** die Brüder
bunt
- die **Burg,** die Burgen

- der **Bus,** die Busse
- die **Butter**

C c

- der **Cent,** die Cents
- der **Clown,** die Clowns
- der **Computer**
die Computer

D d

- das **Dach,** die Dächer
dann
- die **Decke,** die Decken
dein, deine
- der **Delfin,** die Delfine
dem
den
denken, sie denkt
denn
des
- der **Dezember**
dich
dick
- der **Dieb,** die Diebe
- der **Dienstag,**
die Dienstage
diese, dieser,
dieses
dir
doch
- der **Donnerstag,**
die Donnerstage
doppelt
dort

drau|ßen
drei
drei|ßig
du
dun|kel
durch

E e

- das **Ei,** die Ei|er
- der **Ei|mer,** die Ei|mer
  ein, ei|ne
  ein|gie|ßen, sie gießt ein
  eins
- das **Eis,** die Eis
  elf
- die **El|tern**
- die **E-Mail,** die E-Mails
  eng
  ent|de|cken, er entdeckt
- die **En|te,** die En|ten
  er
- die **Erd|bee|re,** die Erd|bee|ren
- die **Er|de**
  er|klä|ren, er erklärt
  er|zäh|len, sie er|zählt
  es
- der **Esel,** die Esel
  es|sen, sie isst
  et|was
  euch
- die **Eu|le,** die Eu|len
- die **Eu|ro,** die Eu|ros

F f

- das **Fach,** die Fä|cher
  fah|ren, sie fährt
- das **Fahr|rad,** die Fahr|rä|der
  fal|len, es fällt
- die **Fa|mi|lie,** die Fa|mi|li|en
- die **Far|be,** die Far|ben
- die **Faust,** die Fäus|te
- der **Feb|ru|ar**
- die **Fel|der,** die Fel|dern
- die **Fee,** die Fe|en
- das **Feld,** die Fel|der
- das **Fens|ter,** die Fens|ter
- die **Fe|ri|en**
  fin|den, er fin|det
- der **Fin|ger,** die Fin|ger
- der **Fisch,** die Fi|sche
- die **Fla|sche,** die Fla|schen
  flei|ßig
- die **Flie|ge,** die Flie|gen
  flie|gen, er fliegt
- das **Flug|zeug,** die Flug|zeu|ge
  flüs|tern, sie flüs|tert
  fra|gen, er fragt
- die **Frau,** die Frau|en
- der **Frei|tag,** die Frei|ta|ge
- der **Freund,** die Freun|de
- die **Freun|din,** die Freun|din|nen
  frisch
  früh

- der **Früh|ling,** die Früh|lin|ge
- der **Fül|ler,** die Fül|ler
  fünf
  für
- der **Fuß,** die Fü|ße
- der **Fuß|ball,** die Fuß|bäl|le

G g

- die **Ga|bel,** die Ga|beln
- die **Gans,** die Gän|se
  ganz
- der **Gar|ten,** die Gär|ten
  ge|ben, es gibt
- der **Ge|burts|tag,** die Ge|burts|ta|ge
  ge|fähr|lich
  ge|gen
  ge|hen, er geht
  gelb
- das **Geld,** die Gel|der
- das **Ge|mü|se**
- das **Ge|schenk,** die Ge|schen|ke
- das **Ge|sicht,** die Ge|sich|ter
  ges|tern
  ge|sund
  gie|ßen, sie gießt
- das **Glas,** die Glä|ser
- das **Glück**
  glück|lich
  grau
  groß

grün
- der **Gruß,** die Grüße
grüßen, er grüßt
gut

H h

- das **Haar,** die Haa|re
ha|ben, sie hat
- der **Hahn,** die Häh|ne
- der **Hals,** die Häl|se
hal|ten, er hält
- der **Ham|mer,** die Häm|mer
- die **Hand,** die Hän|de
- das **Han|dy,** die Han|dys
- das **Haus,** die Häu|ser
- das **Heft,** die Hef|te
heiß
hei|ßen, er heißt
hel|fen, sie hilft
hell
- das **Hemd,** die Hem|den
he|raus
- der **Herbst,** die Herbs|te
he|rein
- der **Herr,** die Her|ren
heu|te
hier
hin|ter
hof|fen, er hofft
ho|len, sie holt
hö|ren, er hört
- der **Hund,** die Hun|de
- der **Hun|ger**
hung|rig

I i

ich
- der **Igel,** die Igel
ihm
ihn
ih|nen
ihr, ih|re
im
im|mer
in
ins
- die **In|sel,** die In|seln

J j

ja
- die **Ja|cke,** die Ja|cken
- der **Jä|ger,** die Jä|ger
- das **Jahr,** die Jah|re
- der **Ja|nu|ar**
je|de, je|der, je|des
jetzt
- der **Ju|li**
- der **Jun|ge,** die Jun|gen
- der **Ju|ni**

K k

- der **Kä|fer,** die Kä|fer
- der **Ka|len|der,** die Ka|len|der
kalt
kämp|fen, sie kämpft
ka|putt

- die **Kar|tof|fel,** die Kar|tof|feln
- der **Kä|se,** die Kä|se
- die **Kat|ze,** die Kat|zen
kau|fen, er kauft
kein, kei|ne
- der **Keks,** die Kek|se
ken|nen, sie kennt
- die **Ker|ze,** die Ker|zen
- das **Kind,** die Kin|der
- die **Kir|che,** die Kir|chen
- die **Kir|sche,** die Kir|schen
- die **Klas|se,** die Klas|sen
kle|ben, es klebt
- das **Kleid,** die Klei|der
klein
klug
- der **Knopf,** die Knöp|fe
ko|chen, er kocht
kom|men, sie kommt
- der **Kö|nig,** die Kö|ni|ge
kön|nen, sie kann
- der **Kopf,** die Köp|fe
- der **Korb,** die Kör|be
- der **Kör|per,** die Kör|per
krank
- das **Kraut,** die Kräu|ter
- die **Kü|che,** die Kü|chen
- der **Ku|chen,** die Ku|chen
- die **Kuh,** die Kü|he
kurz
- der **Kuss,** die Küs|se
küs|sen, er küsst

L l

la|chen, sie lacht
- das **La|ma,** die La|mas
- das **Land,** die Län|der

lang

lang|sam

lau|fen, er läuft

laut

le|cker

leer

le|gen, sie legt
- der **Leh|rer,** die Leh|rer
- die **Leh|re|rin,** die Leh|re|rin|nen

leicht

lei|der

le|sen, sie liest
- die **Leu|te**
- das **Licht,** die Lich|ter

lieb

lie|ben, er liebt
- das **Lied,** die Lie|der

lie|gen, er liegt
- das **Li|ne|al,** die Li|ne|a|le
- der **Löf|fel,** die Löf|fel

M m

ma|chen, er macht
- das **Mäd|chen,** die Mäd|chen
- die **Mahl|zeit,** die Mahl|zei|ten
- die **Mäh|ne,** die Mäh|nen
- der **Mai**

ma|len, er malt

man
- der **Mann,** die Män|ner
- der **Man|tel,** die Män|tel
- der **März**
- die **Maus,** die Mäu|se
- das **Meer,** die Mee|re
- das **Mehl**

mehr

mein, mei|ne

meis|tens

mich
- die **Milch**
- die **Mi|nu|te,** die Mi|nu|ten

mir

mit
- der **Mit|tag,** die Mit|ta|ge
- der **Mitt|woch**

mö|gen, sie mag
- die **Möh|re,** die Möh|ren
- der **Mo|nat,** die Mo|na|te
- der **Mon|tag,** die Mon|ta|ge
- das **Moos,** die Moo|se

mor|gen
- die **Müh|le,** die Müh|len
- der **Mund,** die Mün|der

müs|sen, er muss
- die **Mut|ter,** die Müt|ter
- die **Müt|ze,** die Müt|zen

N n

nach
- der **Nach|mit|tag,** die Nach|mit|ta|ge
- die **Nacht,** die Näch|te

nass
- der **Ne|bel,** die Ne|bel

neh|men, sie nimmt

nein
- das **Nest,** die Nes|ter

nett
- das **Netz,** die Net|ze

neu

neun

nicht

nichts

nie
- das **No|men,** die No|men
- der **No|vem|ber**
- die **Nu|del,** die Nu|deln

nur
- die **Nuss,** die Nüs|se

O o

ob

oben

oder
- das **Obst**
- der **Ofen,** die Öfen

oft

oh|ne
- das **Ohr,** die Oh|ren
- der **Ok|to|ber**
- die **Oma,** die Omas
- der **On|kel,** die On|kel
- der **Opa,** die Opas
- der **Ord|ner,** die Ord|ner
- das **Os|tern**

P p

paar
- die **Palme,** die Palmen
- der **Papagei,** die Papageien
- das **Papier,** die Papiere
- die **Pappe,** die Pappen
- das **Pferd,** die Pferde
- die **Pflanze,** die Pflanzen
  pflanzen, er pflanzt
- die **Pflaume,** die Pflaumen
  pflegen, sie pflegt
  pflücken, sie pflückt
- die **Pfütze,** die Pfützen
- die **Pizza,** die Pizzen
- der **Platz,** die Plätze
  plötzlich
- das **Pony,** die Ponys
- die **Post**
- der **Pullover** die Pullover
- die **Puppe,** die Puppen
  putzen, er putzt

Qu qu

- das **Quadrat,** die Quadrate
  quaken, er quakt
- die **Qualle,** die Quallen
- der **Quark**
- der **Quatsch**
- die **Quelle,** die Quellen

R r

- das **Rad,** die Räder
- der **Rauch**
- der **Raum,** die Räume
- die **Raupe,** die Raupen
  rechnen, sie rechnet
- der **Regen**
  regnen, es regnet
  reich
  reiten, sie reitet
  rennen, sie rennt
- der **Ring,** die Ringe
- der **Rock,** die Röcke
- der **Roller,** die Roller
  rot
- der **Rücken,** die Rücken
  rufen, er ruft
  rund

S s

- der **Saal,** die Säle
- der **Sack,** die Säcke
- der **Saft,** die Säfte
  sagen, sie sagt
  sammeln, er sammelt
- der **Samstag,** die Samstage
- der **Sand**
  satt
- der **Satz,** die Sätze
  sauber
- das **Schaf,** die Schafe
- der **Schal,** die Schals

- der **Schatz,** die Schätze
  schauen, sie schaut
- die **Schaukel,** die Schaukeln
  scheinen, sie scheint
- die **Schere,** die Scheren
- das **Schiff,** die Schiffe
  schimpfen, sie schimpft
  schlafen, er schläft
- die **Schlange,** die Schlangen
  schlecht
  schließen, er schließt
- das **Schloss,** die Schlösser
- der **Schlüssel,** die Schlüssel
  schmecken, es schmeckt
- der **Schmetterling,** die Schmetterlinge
  schmutzig
- der **Schnee**
  schneiden, er schneidet
  schneien, es schneit
  schnell
  schon
  schön
- der **Schrank,** die Schränke
  schreiben, er schreibt
  schreien, sie schreit

- die **Schrift,** die Schrif|ten
- der **Schuh,** die Schu|he
- **schüt|zen,** er schützt
- **schwarz**
- das **Schwein,** die Schwei|ne
- **schwer**
- die **Schwes|ter,** die Schwes|tern
- **schwie|rig**
- **schwim|men,** sie schwimmt
- **sechs**
- der **See,** die Se|en
- **se|hen,** er sieht
- **sehr**
- **sein, sei|ne**
- **sein,** ich bin, du bist, er ist, wir sind, ihr seid, sie sind
- **seit**
- die **Sei|te,** die Sei|ten
- die **Se|kun|de,** die Se|kun|den
- der **Sep|tem|ber**
- der **Ses|sel,** die Ses|sel
- sich **set|zen,** er setzt sich
- **sich**
- **sie**
- **sie|ben**
- das **Sil|ves|ter**
- **sin|gen,** er singt
- **sit|zen,** sie sitzt
- der **Sohn,** die Söh|ne
- der **Som|mer**
- der **Sonn|abend,** die Sonn|aben|de

- die **Son|ne,** die Son|nen
- der **Sonn|tag,** die Sonn|ta|ge
- die **So|ße,** die So|ßen
- **spa|ren,** sie spart
- der **Spaß,** die Spä|ße
- **spät**
- der **Spatz,** die Spat|zen
- **spa|zie|ren,** er spa|ziert
- der **Spa|zier|gang,** die Spa|zier|gän|ge
- der **Spie|gel,** die Spie|gel
- das **Spiel,** die Spie|le
- **spie|len,** es spielt
- die **Spin|ne,** die Spin|nen
- **spitz**
- **spre|chen,** sie spricht
- **sprin|gen,** er springt
- **sprit|zen,** es spritzt
- die **Stan|ge,** die Stan|gen
- **stark**
- **ste|hen,** er steht
- der **Stein,** die Stei|ne
- der **Stern,** die Ster|ne
- der **Stift,** die Stif|te
- die **Stra|ße,** die Stra|ßen
- der **Strauch,** die Sträu|cher
- der **Strauß,** die Sträu|ße
- der **Stuhl,** die Stüh|le
- die **Stun|de,** die Stun|den
- **su|chen,** er sucht
- die **Sup|pe,** die Sup|pen
- **süß**

T t

- der **Tag,** die Ta|ge
- die **Tan|te,** die Tan|ten
- **tan|zen,** sie tanzt
- die **Ta|sche,** die Ta|schen
- die **Tas|se,** die Tas|sen
- der **Ted|dy,** die Ted|dys
- der **Tee,** die Tees
- das **Te|le|fon,** die Te|le|fo|ne
- der **Tel|ler,** die Tel|ler
- **tief**
- das **Tier,** die Tie|re
- der **Tisch,** die Ti|sche
- die **Toch|ter,** die Töch|ter
- **toll**
- **tra|gen,** sie trägt
- der **Traum,** die Träu|me
- **träu|men,** er träumt
- **trau|rig**
- sich **tref|fen,** er trifft sich
- **trin|ken,** er trinkt
- **tro|cken**
- die **Tür,** die Tü|ren
- **tur|nen,** sie turnt
- die **Tü|te,** die Tü|ten

U u

- **üben,** er übt
- **über**
- **über|all**
- das **U-Boot,** die U-Boo|te
- die **Uhr,** die Uh|ren
- **um**

und
uns
un|ser, un|se|re
un|ten
un|ter
- das **Un|ter|hemd,** die Un|ter|hem|den
- der **Ur|laub,** die Ur|lau|be

V v

- der **Vam|pir,** die Vam|pi|re
- die **Va|se,** die Va|sen
- der **Va|ter,** die Vä|ter
  ver|ges|sen, sie ver|gisst
- der **Ver|kehr**
  sich **ver|let|zen,** sie ver|letzt sich
  ver|su|chen, er ver|sucht
  viel, vie|le
  vier
- der/das **Vi|rus,** die Vi|ren
- der **Vo|gel,** die Vö|gel
  voll
  von
  vor
  vor|sich|tig
- der **Vul|kan,** die Vul|ka|ne

W w

- die **Waa|ge,** die Waa|gen
  wahr
- der **Wald,** die Wäl|der

wann
warm
war|ten, er war|tet
wa|rum
was
- das **Was|ser**
- der **Weg,** die We|ge
  weg
- das **Weih|nach|ten,** die Weih|nach|ten
  weil
  weiß
  weit
  wel|che, wel|cher, wel|ches
- die **Welt,** die Wel|ten
  wem
  wen
  we|nig
  wenn
  wer
  wer|den, sie wird
  wer|fen, er wirft
- das **Wet|ter**
  wich|tig
  wie
  wie|der
  wild
- der **Wind,** die Win|de
- der **Win|ter,** die Win|ter
  wir
  wis|sen, er weiß
  wo
- die **Wo|che,** die Wo|chen
  woh|nen, sie wohnt
- der **Wolf,** die Wöl|fe

- die **Wol|ke,** die Wol|ken
- die **Wol|le**
  wol|len, er will
  wün|schen, er wünscht
- die **Wurst,** die Würs|te
- die **Wur|zel,** die Wur|zeln
  wü|tend

Z z

- die **Zahl,** die Zah|len
  zäh|len, sie zählt
- der **Zahn,** die Zäh|ne
- der **Zaun,** die Zäu|ne
- die **Ze|cke,** die Ze|cken
- der **Zeh,** die Ze|hen
  zehn
  zei|gen, sie zeigt
- die **Zie|ge,** die Zie|gen
- das **Zim|mer,** die Zim|mer
- die **Zi|tro|ne,** die Zi|tro|nen
- der **Zoo,** die Zoos
  zu
- der **Zu|cker**
  zu|erst
- der **Zug,** die Zü|ge
  zu|letzt
  zu|rück
  zu|sam|men
  zwei
- die **Zwie|bel,** die Zwie|beln
  zwi|schen
  zwölf

Inhaltsverzeichnis

Inhaltsverzeichnis

Kapitel	Lesen	Sprechen und zuhören	Texte verfassen
0	Arbeitsanweisungen lesen und verstehen (S. 4–11); einem Text Informationen entnehmen; Sätze genau lesen (S. 5)	über ein Bild sprechen (S. 4); über Gelerntes nachdenken / reflektieren (S. 11)	Sätze zu einem Bild schreiben (S. 6)
1	**Regeln** lesen und verstehen (S. 13); eine kurze Nachricht lesen (S. 14); ein freundliches und ein unfreundliches Gespräch lesen (S. 15); einen **ABC-Rap** lesen, üben und vortragen (S. 21)	über **Regeln** sprechen; Vermutungen anstellen (S. 12); einfache **Gesprächsregeln** entwickeln und einhalten (S. 13); über Gelerntes nachdenken / reflektieren (S. 23)	freundliche Formulierungen erkennen; eigene Bitten verständlich aufschreiben (S. 14); situationsangemessen sprechen und schreiben; Gespräche aufschreiben und szenisch nachspielen (S. 15)
2	ein **Diagramm** und einen **Sachtext** lesen: „Tipps zum Umweltschutz"; einem Text Informationen entnehmen (S. 25); eine **Bastelanleitung** verstehen und danach handeln (S. 27); ein Gedicht lesen: „Der Maulwurf" (S. 32); einen Text lesen: „Müll am Bootshaus" (S. 33)	über **Umweltschutz** sprechen; Vermutungen anstellen (S. 24); über ein Diagramm und einen Sachtext zum Thema Umwelt / Müll / Recycling sprechen; eigene Erfahrungen und Ideen einbringen (S. 25); über Gelerntes nachdenken / reflektieren (S. 35)	ein **Plakat** gestalten („Müll vermeiden"); 🖥 sich zu einem Thema informieren und ein weiteres Plakat gestalten (S. 26); eine **Bastelanleitung** ordnen (S. 27)
3	kurze **Rätsel** lesen (S. 37); einen Text (Freundebuch) lesen (S. 38); zwei **Einladungen** lesen und vergleichen (S. 39)	über verschiedene **Feste** sprechen; in anderen Sprachen gratulieren (S. 36); kurze Rätsel lösen (Wer ist es?); ein anderes Kind beschreiben (S. 36); über Einladungen anhand einer Checkliste sprechen (S. 39); über Gelerntes nachdenken / reflektieren (S. 47)	eigene Rätsel schreiben (S. 37); einen Text nach einer Vorlage schreiben (über sich selbst); eigene Sätze über sich selbst schreiben (S. 38); 🖥 **Einladungen** (am Computer) schreiben (S. 39)
4	kurze Sätze in anderen Sprachen lesen (S. 54)	über **Gefühle** sprechen; eine Situation / Gefühle nachspielen (S. 48/49); über ein Bild / eine Bildfolge sprechen; einen Sachverhalt aus dem eigenen Lebensbereich verständlich darstellen (S. 50/51); über verschiedene **Länder und Sprachen** sprechen (S. 54); über Gelerntes nachdenken / reflektieren (S. 59)	Sätze zu einem Bild schreiben (S. 50); zu einer Bildfolge schreiben / Ideen in Stichpunkten aufschreiben (S. 51); ein Plakat erstellen: Sprachen in der Klasse (S. 54)
5	zwei **Einkaufszettel** lesen und vergleichen (S. 62); ein **Rezept** lesen: Obstsalat (S. 63); einen Text lesen: „Auf dem Weg zum Markt" (S. 67); **Zungenbrecher** mit ie lesen (S. 69)	über **Essen und Trinken** / Vorlieben sprechen (S. 60/61); eine **Umfrage** machen und auswerten (S. 61); über zwei Einkaufszettel sprechen; etwas begründen (S. 62); über Gelerntes nachdenken / reflektieren (S. 71)	sich informieren und ein Plakat erstellen (S. 60); eine Umfrage machen (S. 61); eine **Liste** schreiben (S. 62); einen Text überarbeiten (Satzanfänge); ein **Rezept** in der Ich-Form aufschreiben (S. 63)
6	einen **Buchsteckbrief** lesen (S. 74); den Anfang einer Geschichte lesen (S. 75); 🖥 **Piktogramme** lesen und verstehen (S. 79)	über **Orte zum Lesen** sprechen (S. 72); über Bücher / Fachbegriffe sprechen; etwas begründen (S. 73); **ein Buch vorstellen** (S. 74); über das Ende einer Geschichte sprechen; seinen Text vorstellen; sich gegenseitig **Rückmeldungen geben** (S. 75); über ein Bild / Verben sprechen (S. 78); 🖥 über Piktogramme und Emojis sprechen (S. 79); über Gelerntes nachdenken / reflektieren (S. 83)	🖥 einen **Buchsteckbrief** schreiben und das Buch vorstellen (S. 74); eine Geschichte weiterschreiben; eine passende Überschrift finden (S. 75)
7	zwei **Gedichte** lesen, üben und vortragen: „Löwenzahn", „Verblühter Löwenzahn" (S. 85); zwei **Elfchen** lesen (S. 86); Sätze mit Betonung lesen (S. 88/89); ein **Märchen** lesen (S. 91); einen Zungenbrecher lesen und auswendig lernen (S. 93)	über **Tiere** sprechen (S. 84); über Gedichte sprechen (S. 85); über den Bauplan von Elfchen sprechen (S. 86); über ein Bild sprechen (S. 87); über einen Text sprechen (S. 90); über ein Märchen sprechen (S. 91); über Gelerntes nachdenken / reflektieren (S. 95)	sich über ein Tier informieren (S. 84); ein **Elfchen** schreiben (S. 86); **Geschichtenaufbau**: eine Geschichte geordnet aufschreiben; eine passende Überschrift finden (S. 87)
8	einen **Brief** lesen (S. 98); 🖥 eine **E-Mail** lesen (S. 99); 🖥 eine Nachricht auf dem Handy lesen (S. 105)	🖥 über eine Flaschenpost / **(digitale) Nachrichten** sprechen (S. 96/97); 🖥 über einen Brief / eine E-Mail / Fachbegriffe sprechen (S. 98/99); über Gelerntes nachdenken / reflektieren (S. 107)	eine Geheimschrift entschlüsseln (S. 97); einen **Brief** schreiben (S. 98); 🖥 eine **E-Mail** schreiben (S. 99)

...rache untersuchen	Richtig schreiben
...meinsamkeiten und Unterschiede im Englischen entdecken ...10)	**LeMeSchKo-Methode**: Wörter und Sätze abschreiben (S. 6); die **Strategie „Wörter in Silben gliedern"** kennen und anwenden; Silbenbögen zeichnen; Silben zusammensetzen (S. 7); **Wörter mit -el, -er, -en** üben (S. 8); **Wörter mit Sp/sp und St/st** üben (S. 9); einen Übungstext abschreiben; Lernwörter üben: abschreiben und Silbenbögen zeichnen (S. 10)
...omen kennenlernen; Nomen nach Menschen, Tieren, ...anzen und Dingen ordnen (S. 16); den **bestimmten Artikel** ...s Begleiter kennenlernen; Nomen mit bestimmtem Artikel ...fschreiben (S. 17); Nomen in der **Einzahl und Mehrzahl** ...ordnen / in einen Text einsetzen; Veränderungen in der ...ehrzahl erkennen (S. 18/19); Gemeinsamkeiten und ...nterschiede im Englischen entdecken (S. 22)	**Strategie „Wörter großschreiben"**: Nomen großschreiben (S. 16); **Strategie „Wörter in Silben gliedern"**: Nomen in Silben sprechen und schwingen; Silben zu Wörtern zusammensetzen (S. 20); das **Alphabet** üben (S. 21); einen Übungstext abschreiben; Lernwörter üben: 🖱 am Computer abtippen (S. 22)
...erben kennenlernen; Verben und Bilder zuordnen; Verben ...chspielen; Verben zuordnen / erkennen / finden; 🖱 Verben ...einen Text (E-Mail) einsetzen (S. 28/29); **Selbstlaute und ...itlaute** kennenlernen; Selbstlaute in Nomen einsetzen ...30); **Zwielaute** und **Umlaute** kennenlernen (S. 32/33); ...nfache englische Begriffe und Bilder zuordnen (S. 34)	das Alphabet wiederholen (S. 30); **ordnen und nachschlagen**: Wörter nach dem 1. und 2. Buchstaben ordnen; Wörter in der Wörterliste nachschlagen (S. 31); Wörter mit Zwielaut richtig schreiben / nach dem Zwielaut ordnen; Umlaute einsetzen (S. 32/33); einen Übungstext abschreiben; Lernwörter üben: nach dem Alphabet ordnen (S. 34)
...tzanfänge und fehlende Satzzeichen erkennen; die Begriffe ...ussagesatz und **Fragesatz** kennenlernen; Aussagesätze und ...agesätze unterscheiden; sinnvolle Aussagesätze / eigene ...agesätze schreiben (S. 40/41); **lange und kurze Selbstlaute** ...nnenlernen (S. 42); Gemeinsamkeiten von Sprachen ...tdecken (S. 46)	**Strategie „Wörter großschreiben"**: Satzanfänge großschreiben (S. 40/41); **lange und kurze Selbstlaute** unterscheiden; Mitlaute nach kurzem Selbstlaut markieren (S. 42/43); **Strategie „Wörter ableiten"** kennenlernen: zu Wörtern mit Ä/ä und Äu/äu verwandte Wörter mit A/a und Au/au finden (S. 44/45); einen Übungstext abschreiben und passende Satzschlusszeichen ergänzen; Lernwörter üben: Sätze schreiben (S. 46)
...djektive kennenlernen; mit Adjektiven beschreiben; ...egensätze finden (S. 52/53); **Sprachen vergleichen**: ...emeinsamkeiten und Unterschiede von Sprachen entdecken; ...nfache englische Sätze / Adjektive zuordnen (S. 54 / S. 58)	**Strategie „Merkwörter"**: Merkwörter mit V/v nach der Aussprache ordnen / richtig schreiben (S. 55); **Strategie „Verlängern"** kennenlernen: Nomen mit b/p, d/t und g/k am Ende verlängern (S. 56/57); einen Übungstext abschreiben; Lernwörter üben: als Wort des Tages vorstellen (S. 58)
...en **unbestimmten Artikel** als Begleiter kennenlernen; ...omen mit Artikel aufschreiben; Artikel in einen Text ...nsetzen (S. 64); **zusammengesetzte Nomen** kennenlernen; ...omen zerlegen / zusammensetzen (S. 65); **Wortstamm und ...ortfamilie** kennenlernen; veränderten Wortstamm bei den ...ortfamilien „fahren" und „fliegen" erkennen (S. 66/67); ...emeinsamkeiten von Sprachen entdecken (S. 70)	**Strategie „Merkwörter"**: Merkwörter mit stummem h richtig schreiben; das stumme h bei den Wortfamilien „fahren" und „wohnen" einsetzen (S. 68); die Regelschreibung **ie** vertiefen (S. 69); einen Übungstext abschreiben; Lernwörter üben: merken, aufschreiben und kontrollieren (S. 70)
...rundform und Personalformen von Verben zuordnen / ...hreiben / in einen Text einsetzen; unregelmäßige ...rsonalformen zuordnen (S. 76/77); **Wortfelder** ...nnenlernen; Wörter aus den Wortfeldern „gehen" und ...agen" ordnen / nachspielen / in einen Text einsetzen (S. 78); ...🖱 **Piktogramme und Emojis** kennenlernen (S. 79); ...emeinsamkeiten von Sprachen / Covern entdecken (S. 82)	**Wörter mit doppeltem Mitlaut** richtig schreiben; den kurzen Selbstlaut vor einem doppelten Mitlaut erkennen (S. 80); **Wörter mit ß** richtig schreiben / in einen Text einsetzen / (in der Wörterliste) finden (S. 81); einen Übungstext abschreiben; Lernwörter üben: in der Wörterliste finden (S. 82)
...e Begriffe **Aufforderungssatz** und **Ausruf** kennenlernen; ...rschiedene Satzarten unterscheiden und passende ...tzschlusszeichen setzen; Sätze bilden und umstellen ...88/89); Gemeinsamkeiten von Sprachen entdecken (S. 94)	**Strategie „Wörter großschreiben"**: Satzanfänge großschreiben (S. 88/89); **Strategie „Wörter ableiten"**: Wörter mit Ä/ä und Äu/äu ableiten; **Strategie „Wörter verlängern"**: Nomen mit b/p, d/t und g/k am Ende verlängern (S. 91); **Wörter mit ck und tz** richtig schreiben; den kurzen Selbstlaut vor ck und tz erkennen (S. 92/93); einen Übungstext abschreiben; Lernwörter üben: Sätze schreiben (S. 94)
...eränderungen von Adjektiven im Satz erkennen; Adjektive ...einen Text einsetzen (S. 100); Wortarten wiederholen: ...omen, Verben und Adjektive erkennen (S. 101); mit Sprache ...ielen: das Alphabet wiederholen; **Dialekte** kennenlernen ...102); Verben mit vorangestellten **Wortbausteinen** / ...rsilben bilden / in einen Text einsetzen (S. 103); ...emeinsamkeiten von Sprachen entdecken (S. 106)	**Wörter mit ch** nach der Aussprache ordnen / richtig schreiben (S. 104); **Strategie „Merkwörter"**: Merkwörter mit aa, ee, oo richtig schreiben (S. 105); einen Übungstext abschreiben; Lernwörter üben: 🖱 am Computer abtippen und Nomen, Verben, Adjektive markieren (S. 106)

Deutsch mit Olli 2 Sprachbuch

Erarbeitet von:	Christine Kröner, Kathrin Lattus, Heidrun Rebenstorff, Alexandra Thiel, Lisa Wegerle, Maike Wilken
Redaktion:	Anna Koltermann, Gabriela Korup
Illustrationen:	**Christian Bartz:** S. 2–116 und Umschlagseiten: alle Illustrationen, außer den nachfolgend aufgeführten: **Petra Eimer:** Papagei Olli auf Umschlagseiten, S. 3, 6, 9, 10, 17–20, 25–33, 37, 38, 40–43, 45, 49, 50–54, 57, 63–65, 67–69, 74, 78–81, 85, 86, 88, 89, 91–93, 97–99, 101, 102, 104, 108, 109, 111–116; **Manuela Ostadal:** Icons S. 6, 108; Rettungsring S. 6, 10, 22, 34, 46, 58, 70, 82, 94, 106, 108; Vignetten Wörterliste S. 116–123
Umschlaggestaltung:	Corinna Babylon und Jule Kienecker, Berlin
Layoutkonzept und technische Umsetzung:	Cornelia Gründer, Corngreen GmbH, Leipzig

www.cornelsen.de

◇ Texte mit diesem Zeichen wurden aus didaktischen Gründen gekürzt oder verändert. Informationen stehen im Textquellenverzeichnis bei den betreffenden Texten.

1. Auflage, 1. Druck 2022

Alle Drucke dieser Auflage sind inhaltlich unverändert und können im Unterricht nebeneinander verwendet werden.

Druck: Firmengruppe APPL, aprinta Druck, Wemding

ISBN 978-3-06-084816-4

PEFC zertifiziert
Dieses Produkt stammt aus nachhaltig bewirtschafteten Wäldern und kontrollierten Quellen.
www.pefc.de

PEFC/04-32-0928